AF435017

MAGISTERIO
EDITORIAL

García Roa, María Agustina
    Didáctica de la geometría euclidiana: Conceptos básicos para el desarrollo
del pensamiento espacial / María Agustina García Roa, Flor Alba Franco, Doris
Garzón. — Bogotá : Cooperativa Editorial Magisterio, 2006.
    144 p. ; 24 cm.
    Incluye bibliografía
    1. Geometría euclidiana 2. Geometría euclidiana – Enseñanza
3. Triángulo 4. Cuadriláteros 5. Polígonos I. Franco, Flor Alba
II. Garzón, Doris III. Tít.
516.2 cd 19 ed.
AJC0941

CEP-Banco de la República-Biblioteca Luis-Ángel Arango

Didáctica de la geometría euclidiana

Conceptos básicos para el desarrollo del pensamiento espacial

María Agustina García Roa
Flor Alba Franco
Doris Garzón

Colección D i d á c t i c a s

Didáctica de la geometría euclidiana:
Conceptos básicos para el desarrollo del pensamiento espacial

Autoras:
©   María Agustina García Roa
©   Flor Alba Franco
©   Doris Garzón

Libro ISBN: 978-958-20-0827-7

Primera edición: 2006.

Reimpresion: 2019.

©   COOPERATIVA EDITORIAL MAGISTERIO
       Diag. 36 Bis (Parkway La Soledad) No. 20-70 PBX: 2884818
       Bogotá, D.C. Colombia
       www.magisterio.com.co

Dirección General
Alfredo Ayarza Bastidas

Dirección Editorial
Pío Fernando Gaona P

Contenido

Presentación

En la educación, así como en las relaciones sociales, lo básico se ha dejado a lo fortuito, llegando en algunos casos a la improvisación. En el ámbito escolar, esta situación se evidencia en la forma como se orienta el conocimiento en el aula debido al desconocimiento de la epistemia de los conceptos que sirven de punto de partida, en nuestro caso, de la Geometría Euclidiana.

El trabajo presentado busca ver lo básico en la realidad del estudiante, pasando de lo común y corriente a la determinación de los elementos que le dan forma, estableciendo las relaciones que permiten describir el mundo desde la Geometría Euclidiana.

Hemos analizado e implementado actividades que permitan una visión diferente de la realidad del estudiante y que lo lleven a verla desde la Geometría Euclidiana. La forma en que se presentan las actividades escolares conducen a aprender a ver el espacio de una forma especial: desde la geometría de congruencias, sin despreciar otras visiones, aportando al desarrollo del pensamiento del hombre.

Se presenta un desarrollo y uso de un sistema simbólico del espacio atendiendo a la capacidad real del manejo de éste por parte de los estudiantes.

El sistema simbólico presentado en este documento se determina desde dos lenguajes: el gráfico, pasando de lo figurativo a la identificación de los elementos que están fuera del mundo tridimensional, pero que le permiten describirlo como: el segmento, el ángulo, el triángulo, aspectos que conforman el conjunto de los elementos básicos de los objetos y sus relaciones, y un segundo lenguaje, el alfabético, que permite hablar de las gráficas creadas con la rigurosidad que exige una ciencia.

Esperamos que el documento permita acercar al docente a la visión que tiene el estudiante del mundo. Proponemos una forma de entender las nociones básicas de la Geometría Euclidiana. Hay varios teoremas que deben abordarse en los grados de sexto a noveno y que muchos textos escolares presentan de una forma acertada; no los incluimos aquí.

Introducción

La inteligencia matemática, generalmente llamada lógico–matemática, no tiene su origen en el campo auditivo u oral [MAGR1][1]. Ha sido la construcción humana de más de veinticinco siglos, llena de tropiezos, angustias y alegrías; de momentos de silencio, que pueden interpretarse como falta de producción intelectual, pero que abonaron el campo para los grandes avances. Es en la clase de matemáticas donde se debe desarrollar, reinventar la Matemática para el estudiante.

Antes se pensaba que el individuo lograba el pensamiento matemático actual si realizaba un buen número de ejercicios que le llevara a la mecanización del concepto referenciado en ellos, sin embargo, lo que ha ido mostrando los distintos trabajos de investigación en educación y en teoría del conocimiento, es que la confrontación de los objetos, que hace el individuo le lleva a realizar ordenaciones, reordenaciones, graficaciones y conteos que no necesariamente están en el objeto ni son de inmediata percepción. Ese tipo de confrontaciones con los objetos los ha de propiciar la escuela. El hombre se piensa diferente hoy, a la forma en que se veía a comienzos del siglo pasado.

El mundo matemático tiene que ver con el mundo físico, es la interacción con él lo que propicia la creación de entes matemáticos, que, como se dijo antes, no son de inmediata percepción. La Matemática es la forma de expresar y explicar el resultado de una experiencia, de la confrontación de objetos en el mesomundo: mundo cotidiano. Asumir la creación matemática como un acto humano y no de índole divino, ha de marcar formas especiales de ver la clase de matemáticas. La Matemática no se queda en *una* experiencia, sino que para crear un concepto o relación realiza muchas experiencias y abstrae de ellas

---

1   GARDNER, Howard. *Las estructuras de la mente*. Fondo de cultura Económica. 1993. México. Capítulos 7° y 8°.

una esencia. Esta esencia la determina la Matemática, es lo que hace el pensamiento matemático.

Creemos básico partir de las cosas cotidianas para llegar a las definiciones. No importa el nivel escolar que se pretenda trabajar, la relación con los elementos tangibles hace parte de la pragmática que maneja el individuo, se habla de cuanto maneja porque debe poder moverse en cualesquiera de los niveles elementales en que se encuentra el concepto a tratar. Esto implica que esos niveles anteriores, en los que aparece el concepto en formas aún elementales, hacen parte de la estructura del pensamiento del individuo, y la escuela se ocupa de ayudar a esta formación. Téngase en cuenta que en cada nivel elemental debe presentarse una semántica, una sintaxis, una pragmática y una forma de sustentar sus afirmaciones. Por esto se cree que el verdadero aprendizaje procede desde:

–   Lo sensorio motor a la abstracción misma,
–   Desde las acciones hasta las relaciones entre acciones,
–   Desde los objetos hasta los enunciados.

Si asumimos que esta es una forma de presentarse el conocimiento, entonces las actividades escolares deben tenerlas en cuenta. El docente debe saber en cada etapa de la tarea en qué momento está el estudiante. Este es el trabajo que se pretende presentar. No se darán nuevas definiciones para la Matemática, ni demostraciones de un alto nivel de rigurosidad, ni se espera que los estudiantes se vean convertidos por la magia de una actividad, en genios. Se espera aportar a las formas de presentar "viejos" conceptos para la Matemática, pero nuevos para el estudiante y analizar las dificultades que se presentan en clase con estudiantes comunes y corrientes, con grupos heterogéneos.

Las actividades presentadas se han llevado a cabo en cursos regulares, entre cuarenta y cincuenta estudiantes, de estratos socio - económicos diversos a lo largo del año escolar. Las autoras han sido los docentes que han desarrollado el trabajo en las clases de matemáticas en varios años, su profesión es ser maestros de matemáticas con licenciatura en esta disciplina.

El desarrollo del trabajo permitirá evidenciar los aspectos de las acciones que realizan los estudiantes como: a) operaciones que hace con los objetos, entendiéndose por estos los elementos del mundo cotidiano, sujetos a espacio y tiempo, pero escogidos de antemano por el docente para apoyar el desarrollo del pensamiento matemático, y más exactamente el pensamiento geométrico en el momento de la clase, b) las operaciones con los modelos de los objetos, viendo en ellas las diversas formas en que es esquematizado, c) las imágenes mentales, las palabras, símbolos o series de símbolos.

Capítulo I

Educación matemática

Buscar qué es Educación Matemática lleva a hacer un ejercicio para poderlo responder. Habría que plantearse preguntas como: ¿qué papel juega la escuela para la sociedad? Se puede decir que la escuela es el lugar donde se construye la hegemonía ideológica, en donde el cuerpo de conocimientos a enseñar presupone innegablemente una determinada visión del mundo, del hombre, de la sociedad y de la vida. La escuela no está ajena a las posiciones políticas. Se enseña buscando un ideal de ciudadano, de hijo, de ser humano. Que la escuela se equivoque es otra cosa.

La pregunta y la respuesta hechas en el párrafo anterior no dan las suficientes luces aun sobre qué es la Educación Matemática. Puede que sea un cuestionamiento muy general, tal vez habría que preguntarnos ¿qué hace la Educación Matemática en la escuela? El trabajo que se presenta busca formar un hombre democrático, con una alta autoestima, respetuoso, capaz de ayudarse y ayudar a los demás y por ello en cada una de las actividades se hace énfasis en el desarrollo del pensamiento matemático pero viviendo cada uno de los aspectos que ayudan a la formación de un buen ciudadano.

Los individuos se desarrollan mediante el aprendizaje de los procedimientos, actitudes, conceptos, valores que caracterizan la cultura de un grupo social determinado[2]. Se espera que los educandos adquieran una serie de conocimientos que se consideran imprescindibles para vivir en determinado grupo social. Hoy por hoy, hay factores que determinan el tipo de individuo que la sociedad espera tener; con los valores claves

---

2   MATURANA H. *Formación humana y capacitación*. Ediciones DOLMEN. Colombia. 1998.

para el siglo XXI: disciplina, honradez, búsqueda constante de hacer mejor el trabajo, tolerancia, trabajar en equipo, capacidad para expresar sus ideas sobre un papel, escribir, e interpretar las ideas de otros y leer. Este último aspecto de interpretar las ideas de los demás y poner en conocimiento sus ideas para ser interpretadas, es tomar lectura de la situación para ser partícipe en el mejoramiento de ésta. Se debe tener en cuenta que el mejoramiento de una situación no significa que la situación sea un foco de problemas, sino que el individuo crece como ser humano cuando se siente capaz de mejorarla.

El grupo social en que se mueve la escuela hoy es universal, los intereses son de índole mundial. Estos aspectos deben servir para lo local y lo foráneo, para el hoy y para entender y transformar el mañana. Los cuestionamientos del cómo se aprende y qué se aprende en la escuela han dejado de ser territoriales.

"El conocimiento escolar, es un conocimiento con sus propias características epistemológicas, que supone una mejora en el conocimiento cotidiano, y que integra las aportaciones de muy distintas formas de conocimiento".[3]

El desarrollo de la humanidad ha llevado a manejar un mundo de formas, objetos intemporales, independientes del sentimiento distintos del mundo de la percepción sensible. Objetos que no se captan por medio de los sentidos sino por medio de la razón, luego de un proceso largo y formal, creando una estructura simbólica de carácter universal.

Sin embargo, creemos que es la escuela la que propicia los ambientes que permiten crear estas ideas y formas ideales. No son revelaciones sino constructos del hombre. La escuela reconstruye el trabajo de la humanidad en el aula de clase. No puede ser una construcción hecha al libre albedrío, porque nos estaríamos ubicando en un pensamiento a priori, volveríamos a las revelaciones divinas en matemáticas, y no es ésta nuestra visión del pensamiento matemático. Creemos en la construcción de éste. Existen varias formas de ver la Educación Matemática, creemos que la escuela debe posibilitar en forma organizada y sistemática los objetos de conocimiento que le permitan al estudiante

---

3   GARCÍA, Eduardo. *Hacia una teoría alternativa sobre los conocimientos escolares.* DIADA Editora S. L. España. 1998. Pág. 11.

ver de varias formas el mundo en que vive, para poder imaginar algo más que lo inmediato.

Por esto comulgamos con la propuesta de Piaget: "en las conductas del sujeto se pueden observar regularidades que dependen de a) maduración, b) influencia del medio físico, relacionada con la acción del sujeto sobre el objeto, c) la transmisión social, pesa sobre todo el lenguaje, y d) la equilibración".

La Educación Matemática tiene como tarea encontrar los mecanismos regulares que presentan los individuos en la construcción de cada concepto matemático, en la forma como se estructura, puesto que el sujeto cuando actúa no presenta un rayo de ideas que ilumina el problema, sino que en la solución de un problema lo que presenta es toda una estructura que se manifiesta desde la forma en que la entiende, la forma en que la usa y la explica y el cómo termina formalizándola. La Geometría Euclidiana nos posibilita la transformación de la realidad del estudiante, le permite al estudiante sentirse capaz de crear las relaciones necesarias para ver su realidad con los ojos de la ciencia.

Capítulo 2

Teorías del conocimiento del pensamiento espacial

Todo lo pensado y actuado tiene origen espacial. Generalmente se ha creído que no hay sino un solo espacio, el inmediato, apareciendo como algo puramente pictórico. El espacio aparece de forma tan natural, que pareciera una trivialidad estudiarlo. Pero siempre le ha pasado a la humanidad lo mismo, aquello que se tiene al frente, con el que se ha vivido desde que el individuo aparece, no amerita dedicarle tiempo. El espacio que nos ocupa en Matemáticas tiene que ver con lo pictórico, pero buscando una mayor comprensión de él. El ver la variabilidad de ese espacio inmediato nos lleva al conocimiento del espacio matemático.

Presentamos pequeños resúmenes de la forma como algunos grandes autores han entendido el espacio. Desde lo puramente psicológico a lo matemático y por último una visión desde la educación matemática. No se pretende hacer un análisis riguroso de cada una de ellas pero sí mostrar un acercamiento a sus observaciones y alguna influencia que pueda tener en el aula de matemáticas.

Teoría de la forma

La teoría de la forma aparece en el mundo académico como una respuesta a los análisis presentados por el "innatismo" y el "empirismo". La sicología de la forma le dio un privilegio muy grande a la retina, planteando una nueva epistemología de la percepción. Niega la existencia de las sensaciones aisladas. Una percepción no se compone de elementos dados previamente sino que ésta es, la percepción, una estructura total, una estructura de conjunto. Estas estructuras están organizadas según leyes de esencia geométrica: orden, simetría, regularidad, proporcionalidad etc. Proporciona así, una nueva concepción de la geometría perceptual presente desde el punto de partida de la vida mental, pero sin vinculación con una hipótesis innatista, abarcando la motricidad pero sin recurrir a la experiencia empirista.

El descubrimiento esencial de los sicólogos "guestalistas" es la ley de "pregnancia" que expresa que toda estructura se realiza según las "mejores" formas y éstas son las más equilibradas, pero también las más simples. Pero la determinación que se tome sobre estos aspectos está definida por la percepción que está en función de la proximidad, y ésta es la referida a las distancias euclidianas y no la vecindad topológica. Por esto, en la percepción de las figuras toman mayor relevancia las figuras simétricas, aquellas en que las relaciones métricas son más simples que las gráficas sin simetrías y desproporcionadas.

Otro aspecto analizado desde la teoría de la forma es la percepción de los objetos en perspectiva que según ellos, su reconocimiento se da por ciertas estructuras generales como la constancia de las formas y la de las magnitudes. Por ello siempre existe en todos los niveles cierta coordinación de la perspectiva y cierta métrica perceptual. Podemos decir que para ellos la percepción implica el punto de partida de ciertas reglas que las contienen la geométrica euclidiana y proyectiva.

Hay que tener en cuenta que la percepción no constituye en absoluto un conocimiento que se baste a sí mismo. Las relaciones más primitivas son el testimonio de una interacción indisociable entre el sujeto y el objeto. No hay una percepción pura del objeto por el sujeto. Si bien las "buenas formas"[4] se confunden a grandes rasgos con las figuras simples y regulares del espacio euclidiano, la mayoría de las formas percibidas habitualmente son formas cuya composición es irreducible a las reglas de la geometría euclidiana y proyectiva.

Si existe un espacio perceptual organizado, tiene por lo menos una gran diferencia con el espacio geométrico puesto que el perceptual está sujeto a numerosas deformaciones, por ejemplo, la visión de un

---

4   Se refieren a las gráficas geométricas regulares como: cuadrado, triángulo, rectángulo, círculo.

cuadrado alejado se convierte en un trapecio. Si la geometría euclidiana fuera vista desde la teoría de la forma, los cambios de posición crearían cambios de estado. Téngase en cuenta que para esta última lo determinante es la sensación global.

Los numerosos experimentos que realizó Piaget permiten demostrar que la constancia de las formas y las magnitudes se elabora desde sus formas más borrosas en el primer año de vida del sujeto en función de la construcción del esquema de los objetos permanentes; uno de los ejemplos es el reconocimiento de los infantes del biberón, que puede entenderse como la inteligencia sensorio motriz en su totalidad. De igual manera sucede con las magnitudes.

La interpretación de Poincaré de la percepción y el espacio euclidiano

Los cuestionamientos que se hacían a una persona de su talento por parte de los sicólogos de su época respecto a la creación matemática le llevaron a plantear una visión de la forma como entiende el conocimiento matemático, más exactamente nos referimos al conocimiento geométrico. No se presenta un análisis riguroso, pero es conveniente tener una idea de la forma como vio el aprendizaje y la creación.

Para Poincaré, inventar es escoger dentro de una gran gama de posibilidades. Estas posibilidades se dan por unos silogismos que colocados en un cierto orden producen una conclusión hermosa que no es más que una ley matemática. Pero la gran cantidad de combinaciones que nos dan los silogismos no nos permite decir que se ha inventado algo nuevo. "Inventar consiste precisamente en no construir combinaciones inútiles y en construir las útiles, que no es más que una ínfima minoría. Inventar es discriminar, y escoger". Por ello, para el inventor las combinaciones estériles no se presentan siquiera a la imaginación del inventor. La invención está ligada al descubrimiento de la belleza y la elegancia, por ello "las combinaciones útiles son precisamente las más bellas, quiero decir las que tienen mayor encanto para esta sensibilidad especial que conocen todos los matemáticos, pero que los profanos ignoran hasta el punto de que a menudo están tentados de sonreír ante ella"[5]. ¿Cómo se sabe qué es lo bello?

Entonces no todos tienen la capacidad de la creación, sin embargo acepta que todos tenemos un yo subliminal y un yo consciente. El primero no es de ninguna manera inferior al segundo, no actúa en forma automática, es capaz de discernir, tiene tacto, tiene delicadeza; sabe escoger, sabe adivinar mejor que el yo consciente puesto que se impone en donde éste había fracasado.

Desde el punto de vista del conocimiento espacial y el conocimiento geométrico afirma que ni los sentidos, ni la experiencia son suficientes para constituir un espacio sin la existencia de un esquema que los oriente, permitiéndoles elegir entre las diversas interpretaciones posibles. Pero aquí cabe la pregunta: ¿cuales esquemas? La epistemología de Poincaré plantea:

a. El innatismo de la idea de grupo que lo deja ver en sus análisis del conocimiento del mundo tridimensional, diferenciando cambio de posición por cambio de estado. Cuando analiza los cambios de posición del sujeto o de los objetos vistos por el sujeto, presenta el descubrimiento mental del espacio, no definido por la percepción de la extensión o las formas, sino por la organización sensorio motriz; esta organización la define porque "el concepto general de grupo preexiste en nuestra mente al menos en potencia", esto nos conduce a la intuición a priori (cuestión básica para los matemáticos según él) y el papel de la estructuración espacial progresiva. Para poder seguir los movimientos del mundo externo, el sujeto debe coordinar sus movimientos y esta coordinación es la que implica la estructura de grupo. A partir de éstas se crean las proposiciones que definen los silogismos a los que hace referencia en un comienzo.

b. Las relaciones entre la actividad del sujeto y la experiencia física. Hay dos tipos de abstracción: a partir de los objetos y a partir de la acción. Para ello se tiene en cuenta el papel de nuestros órganos hereditarios y las intuiciones de nuestro espíritu. La experiencia

---

5   POINCARÉ, Henry. *Invención matemática*. Conferencia ante la Sociedad Sicológica en París. 1900.

proporciona las indicaciones según las cuales el espíritu realiza las elecciones. El conocimiento que se tiene del espacio es del tipo tridimensional, pero no quiere decir que no podríamos haber escogido un espacio de cuatro dimensiones. Las narraciones que hace de sus "descubrimientos", que para nosotros son creaciones, las deja al yo subliminal, pero sin negar que las inspiraciones súbitas sólo se producen después de varios días de trabajo racional del yo consciente, pero que permite colocar en marcha la máquina inconsciente.

El punto central de nuestro trabajo no es el análisis de la epistemología planteada por Poincaré, sólo se espera mostrar cómo entiende el conocimiento matemático porque éste se refleja en las actitudes que se toman en clase. Este documento muestra, cómo no es una simple intuición el reconocer los avances sobre el espacio. No se le está pidiendo a un matemático el conocimiento de un educador en matemáticas ni a la inversa, sino que se muestran las diferentes formas de abordar una misma realidad. Para nuestro autor hay una unidad entre el espacio sensible y el espacio intelectual, puesto que se presenta una interacción entre el espíritu y lo real. Lo que se da son ajustes progresivos entre las intuiciones de nuestro espíritu y los datos sensibles.

Etapas del conocimiento espacial según Piaget

Los grandes aportes que donó Piaget sobre cómo el individuo conoce el espacio han sido muchos. Él no presentó nuevos teoremas o definiciones; aportó sin ser docente, una forma de ver dificultades en el aula donde se veía incapacidad intelectual o desaplicación. Distingue el espacio perceptual y el espacio intelectual. Pero no se queda en ella, analiza las primeras percepciones y pone a prueba sus hipótesis. No se puede esperar que detalle el desarrollo correspondiente al espacio estudiado en el aula. Presenta una periodización del espacio:

1. Espacio orgánico postural. Se refiere al espacio que se vive sin pensarlo, es el caso de cerrar los ojos para dormir. El movimiento de las piernas buscando una mejor acomodación. Se vive sin razonarlo.

2. Espacio sensorio-motor. Es un espacio que se va conociendo y por lo tanto su uso presenta características de grupo. Aparecen los objetos y se analiza desde la relación del sujeto con estos. Por ello los desplazamientos del cuerpo del mismo sujeto tienen características como:

    a. Dos desplazamientos del cuerpo pueden coordinarse en uno solo.
    b. Cada desplazamiento puede anularse por un desplazamiento inverso.
    c. El producto entre un desplazamiento directo y su inversa es un desplazamiento nulo.
    d. Los desplazamientos son asociativos.

    Para poder seguir los movimientos del mundo externo, el sujeto debe coordinar sus movimientos, y esta coordinación es lo que implica la estructura de grupo a la que hace alusión Poincaré. Este es un trabajo que no se realiza en la escuela, el niño lo aprende en la cotidianidad.

3. Intuición de imágenes. Se vive con representaciones. Se considera la imagen mental como una imitación interiorizada que sirve como simple significante simbólico de las acciones ejercidas sobre los objetos o de estos objetos en tanto metas de las acciones. Imaginar una forma consiste en poder reproducirla, no sólo porque esta evocación se apoya en la evocación imaginada, sino porque de por sí ya es un comienzo de reproducción motriz.

4. Operaciones concretas. Se hacen composiciones usando un determinado tipo de elementos. Toda transformación es el resultado de una acción. Se piensa antes de actuar.

    La intuición espacial específica del nivel que se inserta entre el espacio sensorio motor y las primeras operaciones concretas consiste en acciones imaginadas en sus resultados breves, y al comienzo con poca posibilidad de composición mutua. A medida que se madura en esta línea surge cierta lógica del espacio, es decir el espacio se convierte en una lógica del objeto, deja de ser una forma de descripción de estados del objeto y se promueve al nivel de sistema de transformaciones. Un buen ejemplo de los experimentos hechos sobre el tamaño de torres.[6]

5. Operaciones formales. Corresponde a las representaciones esquemáticas de los objetos. Las construcciones sobre ellos son imaginadas.

    Las operaciones formales se refieren a proposiciones y no a objetos. Esto marca un corte entre la geometría deductiva griega y sus continuadores y la geometría llamada "empírica" de los agrimensores egipcios. La geometría deductiva de los griegos, aunque formal en su mecanismo operatorio, se concentró en las significaciones de los conceptos y por ello su carácter semi-intuitivo.

6. Espacio axiomático. Se relaciona con las operaciones lógicas-aritméticas, eliminando el espacio real. El mundo tridimensional se hace lineal.

    La potencia del continuo es, en el lenguaje de la teoría de conjuntos, la característica numérica equivalente a las propiedades del continuo espacial. En el espacio deductivo el sujeto está representado por la actividad deductiva formalizada, por ello el objeto es aquello que se considera como exterior a esta actividad formal que puede ser de origen físico o un dato externo no deductivo.

Algunas observaciones sobre los trabajos de Vann Hiele

Se considera que este modelo es de gran importancia para ser aplicado en las clases de Geometría. A continuación se presenta un resumen tomado de la revista Educación Matemática, volumen 3 de agosto de 1991.

---

6   HOLLOWAY G. E. T. *La concepción de la geometría en el niño según Piaget*. Piados Educador. España. 1986.

Los esposos Pierre y Diana Van Hiele-Geldof, en los años 50 eran profesores de geometría de enseñanza secundaria en Holanda. Estos maestros, basados en su experiencia docente y en las dificultades de comprensión por parte de sus estudiantes, elaboraron un modelo de aprendizaje que lleva su nombre: Modelo de razonamiento de Van Hiele. Consta de dos partes: la primera hace referencia a los niveles de razonamiento, describiendo desde el razonamiento visual en los niños de preescolar hasta el formal y abstracto en estudiantes universitarios. La segunda parte describe la manera como el profesor puede organizar sus actividades en clase para que el estudiante llegue a un nivel superior de razonamiento al que actualmente tiene. Estas son las fases de aprendizaje.

Las características más relevantes de cada nivel se presentan en el siguiente cuadro.

Niveles de razonamiento de Van Hiele

	Nivel 1	Nivel 2	Nivel 3	Nivel 4
1.	Percibe los objetos en su totalidad y como unidades no formadas por partes.	Percibe los objetos formados por partes y dotados de propiedades, pero no identifica relaciones entre las partes.		
2.	Describe objetos por el aspecto físico.	Describe los objetos de manera informal, por medio del reconocimiento de las componentes y sus propiedades.	Describe las figuras de manera formal, comprende el papel de las definiciones y los requisitos que la hacen correcta. No comprende la estructura axiomática de las matemáticas.	Comprende la estructura axiomática de las Matemáticas.
3.	Diferencia o clasifica los objetos por semejanzas o diferencias físicas generales.	No clasifica lógicamente.	Clasifica lógicamente los objetos. Realiza razonamientos lógicos formales. Comprende pasos individuales de un razonamiento lógico aisladamente.	Realiza razonamientos lógico formales.
4.	No reconoce explícitamente las componentes y propiedades de los objetos.	Deduce nuevas relaciones entre componentes o nuevas propiedades informalmente partiendo de la experimentación.	Descubre partiendo de propiedades nuevas o relaciona conocidas mediante el razonamiento formal.	Acepta la posibilidad de llegar al mismo resultado desde distintas premisas.

El nivel 5 no se considera en el cuadro por sus características especiales, las personas que acceden a este nivel tienen la capacidad para manejar, analizar y comparar diferentes geometrías.

De la misma manera como Piaget propone estadios de desarrollo cognoscitivo *secuenciales*, este modelo expone lo mismo para los niveles de razonamiento, deben ser secuenciales, no es posible alterar el orden; no se puede pedir a un estudiante que clasifique si antes no ha reconocido los elementos con los cuales va a trabajar, o que deduzca sin analizar.

Los elementos implícitos en un nivel deben hacerse explícitos en el siguiente. Una de las labores del maestro es ayudar al estudiante a concientizarse del uso de sus razonamientos para el siguiente nivel y además fijarse en el nivel de razonamiento en el que se encuentran sus estudiantes, con el propósito de orientar en forma adecuada y establecer ciertas condiciones de exigencia.

El estudiante puede profundizar en un tema determinado y alcanzar el nivel 3 de razonamiento, por ejemplo; pero esto no implica que en los demás temas alcance el mismo nivel. En todo concepto es indispensable el recorrido por cada uno de estos niveles.

Otra de las partes del modelo de razonamiento está formada por las cinco fases de aprendizaje:

a. *Información*: se realiza con el propósito de determinar los preconceptos que poseen los estudiantes sobre el tema específico y ayuda a ubicar por parte del maestro los estudiantes que tienen claridad sobre el tema y a aquellos a quienes es necesario reforzarles o modificarles las ideas básicas de los conceptos. Esta fase se logra a través de actividades determinadas con propósitos bien definidos.

b. *Orientación dirigida*: la conforman una serie de actividades propuestas por el maestro para el aprendizaje y construcción de los conceptos básicos del objeto de estudio en el momento para la clase de Matemáticas.

c. *Explicitar*: consiste en argumentar los procedimientos y las respuestas obtenidas en las actividades realizadas. Se socializan los resultados ya sea de manera oral o escrita. Esta fase está presente durante todo el trabajo.

d.   *Orientación libre*: consta de una serie de actividades dirigidas a profundizar los conocimientos adquiridos, a ampliar la aplicación de estos y a relacionarlos.

e.   *Integración*: se resume todo lo estudiado intentando integrar los conocimientos nuevos a los ya existentes en el estudiante, ampliando de esta manera la red de conocimientos. Esta fase se desarrolla con la participación de los involucrados.

Las actividades que se presentan a continuación fueron realizadas con estudiantes de quinto grado de básica primaria en el nivel 1 de reconocimiento. Para este nivel se consideraron las siguientes características, con el fin de diferenciar las clases de figuras triangulares según la longitud de sus lados:

*   Reconoce figuras triangulares por su aspecto físico.
*   Identifica semejanzas entre figuras triangulares.
*   Expresa las diferencias existentes entre figuras triangulares.

Fase 1: Información

Para revisar preconceptos sobre las figuras de forma triangular se invitó a los estudiantes a construir líneas poligonales cerradas de tres segmentos (palitos). Luego se pidió hablar de las características; se destacan aspectos como: todas están formadas por tres segmentos, tienen tres "puntas", tienen diferente tamaño. Algunos estudiantes afirmaban que algunas representaban triángulos. Las figuras que no lo representaban se encontraban en posición no canónica. Para obviar esta situación se ubicaba al estudiante en una posición diferente y se le invitaba a expresar las diferencias con respecto a lo observado anteriormente.

Fase 2: Orientación dirigida

2.1   Se pide formar paquetes diferentes de tres palitos cada uno, pero con la condición que la longitud de los palitos en cada paquete sea la misma. Con cada paquete se sugiere construir figuras triangulares para luego representarlas en el cuaderno con la mayor fidelidad posible y se escriben las semejanzas y diferencias existentes. En la socialización se redactan las conclusiones del grupo.

2.2   Se desarrolla la actividad anterior, cambiando el contenido de los paquetes: cada paquete va a contener dos palitos de igual longitud y el otro de longitud diferente.

2.3   Similar a la actividad 2.1 pero cada paquete contiene los tres palitos de diferente longitud.

2.4   Se seleccionaron dos paquetes de palitos: uno con palitos de igual longitud y en el otro dos palitos de igual longitud al paquete anterior y el otro diferente, para que al construir las representaciones con cada paquete hablen de semejanzas con el propósito de observar que todo triángulo equilátero se puede considerar isósceles.

Fase 3: Explicitación

La fase de explicitar está presente en todo momento, los estudiantes comparten sus opiniones con algunos compañeros y luego con todo el grupo en la socialización.

Fase 4: Orientación libre

4.1   Se presenta una hoja con varias figuras triangulares para que se coloree con amarillo las que representan triángulos isósceles, con verde las que representan triángulos escalenos y con naranja las que representan triángulos equiláteros.

4.2   Se propone una gráfica en la que aparecen figuras triangulares, entre otras, para que los estudiantes las coloreen teniendo en cuenta el acuerdo de la actividad anterior.

4.3   Se pide a los estudiantes el diseño de un dibujo con triángulos isósceles, escalenos y equiláteros; destacando mediante convenciones los triángulos de cada clase.

Fase 5: Integración

El maestro lidera el resumen aludiendo a las diferencias y semejanzas de los triángulos para clasificarlos en tres grupos, teniendo en cuenta que todo triángulo equilátero es isósceles. Se destacan las características principales de cada clase de triángulo independizándolas del "tamaño" de la figura.

Capítulo 3

Geometría euclidiana

Los cuestionamientos que se hace el hombre respecto a como ha formalizado la ciencia que hoy posee en cada disciplina, despierta grandes inquietudes. Los conceptos que se han construido se presentan terminados, formalizados, con un uso que no permite al estudiante sentirse como un ser capaz de inventar más ciencia.

Herman Von Helholtz cuando habla de Geometría dice: "El hecho de que pueda existir una ciencia y pueda ser desarrollada como lo ha sido la geometría, ha atraído siempre la máxima atención de todos aquellos que están interesados en cuestiones relacionadas con las bases de la teoría del conocimiento. De todas las ramas del conocimiento humano no hay ninguna que haya surgido, como ella, igual que una Minerva armada de la cabeza de Júpiter; ninguna ante cuyo escudo de Medusa la duda y la inconsciencia se haya atrevido a levantar la vista. Se libra de la aburrida y pesada tarea de recoger datos experimentales, que se da en el campo de las ciencias naturales en el sentido estricto de la palabra: su único método científico es la deducción. De una conclusión se deduce otra conclusión, y sin embargo nadie con sentido común duda que todos estos principios geométricos deban encontrar una aplicación práctica en el mundo que nos rodea".[7]

.

Estas palabras recogen el sentido de la Geometría Euclidiana en el aula de clase a lo largo de los diferentes grados. El placer inmenso de describir el mundo en forma tan particular y tan potente, es crear con pocos signos una gramática muy fuerte que le permite un alto desarrollo

---

7   HELMHLOLTZ, Hermann. *Sobre el origen y el significado de los axiomas geométricos.* SIGMA Tomo 4, Pág. 243. Ediciones Grijalbo. Barcelona. 1956.

intelectual, una capacidad de analizar un problema sin pasiones, con objetividad. No importa a qué nivel escolar logre llegar el individuo o qué profesión le interese. Le aporta al hombre la capacidad y confianza en la formalidad y racionalidad de la realidad para transformarla y solucionar los problemas que pueda ver.

Es el análisis del entorno en un primer momento, es creación de gráficas que se hacen explícitas en fichas como las que se muestran a continuación para pasar a líneas poligonales y que se le van permitiendo la descripción del entorno con esos elementos. El hombre siempre anda buscando elementos más simples y más potentes que le permitan hablar de una forma más clara y amplia de la realidad. Pasa de:

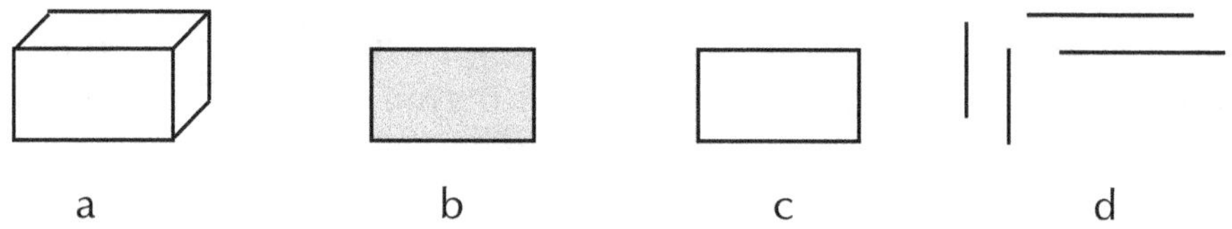

Y luego mira cómo el punto genera un segmento, el segmento crea la línea poligonal, y la línea poligonal crea la figura, y la figura crea un cuerpo. Siempre se está en este juego. Así aparecen dos momentos: el descriptivo, los elementos existen, se forma una idea de cómo existen, y cuando pensamos en este tipo de conocimiento pasamos a "crear" nuevas situaciones, a plantear hipótesis que a través del análisis se comprueban o rechazan en una acción deductiva.

La Geometría Euclidiana es una reflexión particular sobre la realidad inmediata en que se mueve el individuo. Durante esta etapa busca la construcción de todo un sistema que le permita seguir en la reflexión, sin perder el horizonte y sin anquilosarse, sin quedarse en la inmediatez, sino en una búsqueda constante para describir la realidad bajo elementos mínimos y perdurables.

Tal vez lo que deberíamos preguntarnos es qué dirección sigue el pensamiento y cuáles realidades se van formando en el pensamiento científico del individuo. Se necesita ver cómo nace la Geometría, qué la impulsó a desarrollarse y por qué en un momento determinado se estanca. De esta forma podemos usar de una forma más efectiva los mecanismos o herramientas mentales que ella nos aporta. El pensamiento matemático de los griegos impedía verse a ellos mismos como constructores de una realidad, a pesar de los grandes avances que dieron en el campo de la Matemática. Esa Matemática estaba ahí, no había sido creación de ellos, según ellos.

La actitud mental del griego es contemplativa, y no por ello les podemos negar el carácter creativo, el objeto lo es todo, no cree que es él quien con su intelecto relaciona dos objetos, y que hace algo más grande: crea los objetos de estudio de la Matemática, en nuestro caso de la Geometría; pero hoy en día sabemos que sí fueron ellos los creadores de esa fastuosa visión.

Si bien es cierto que la Geometría Euclidiana se origina en la contemplación inmediata, la percepción de los elementos es trabajo del sujeto. Las clasificaciones que se da, son dadas por el sujeto, sin su acción, el objeto no habla.

$\overline{L_1}$ y $\overline{L_2}$ son rayas sobre el papel. El sujeto es el que diferencia entre lo que puede observar entre dos situaciones. Establece una relación que le permite hablar de la realidad de una forma muy específica. $\overline{L_1}$ es paralela a $\overline{L_2}$, y $\overline{L_3}$ no es paralela a $\overline{L_4}$.

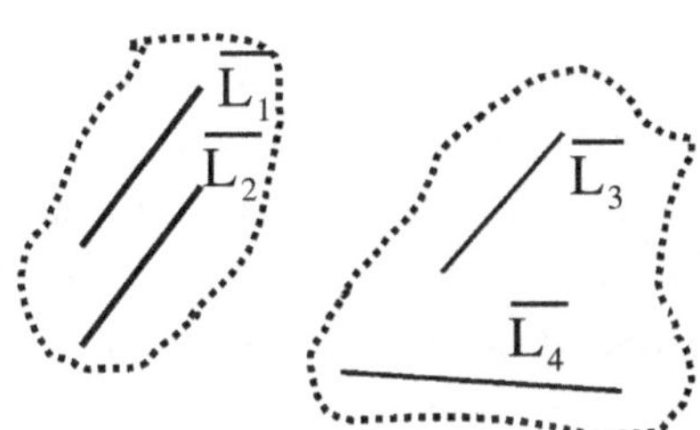

La relación planteada no está en el gráfico, es el hombre el que racionaliza, inventa símbolos para expresar su observación en los dos casos.

La Geometría Euclidiana aporta algo más que una gimnasia mental. Es un punto de arranque para crear un mundo, un mundo posible. Apoyándose en la percepción de la realidad genera otras percepciones y por tanto otra contemplación del nuevo mundo.

Podríamos pensar que la Geometría Euclidiana deduce y compara. No presenta una alta gama de combinaciones, son más bien escasas, pero las que existen preparan al individuo para que en el amplio campo de la matemática analítica pueda darse el lujo de escoger una forma de observar. El trabajo no es sólo para la Matemática, es la preparación para la mente científica, busca desarrollar la capacidad de ver el mundo como es, sin atribuciones mágicas. Esto es de una enorme potencialidad.

Los educadores constantemente vivimos ejemplos de problemas, no sólo en la clase de matemáticas, sino de todos los órdenes, en que la pregunta del problema y sus condiciones son alteradas, perdiéndonos en ellas, sin saber que se da una respuesta. Las actividades que se proponen permiten crear una cultura de hablar de lo que se tiene estrictamente, y bajo unas reglas. No por ello es dictatorial sino que esto permite unificar las miradas que se hacen del problema sin negar las otras. Aprender a ser objetivos.

Es cierto que los griegos clásicos no rompieron sus relaciones religiosas con la ciencia de un momento para otro, pero sí mostraron una forma clara de diferenciarlos. "Los griegos no fueron por cierto los primeros en desarrollar una matemática compleja, sino los primeros en usarla, y también en darle un análisis formal, un concepto de demostración matemática rigurosa. Son los primeros en desarrollar una noción explícita de investigación empírica."[8]

Respecto al rigor en Matemáticas y por tanto el rigor que da la geometría, se podría pensar que el exceso de rigurosidad podría anular la fecundidad en el pensamiento matemático, sin embargo cuando se presenta cada una de las temáticas en Geometría Euclidiana, están enfocadas, en la construcción de un sistema conceptual, a permitir que el estudiante se sienta constructor de esa nueva relación matemática. Esto lo lleva a confiar en sí mismo según Novak, y éste es un elemento básico para producir, se ve y se siente como un ser útil. Ésta es una de las tareas de la escuela que repercute en la autoestima real y que acompañada de otras relaciones de índole social, se convierte en un arma eficaz contra vicios sociales de hoy: alcoholismo, drogadicción, satanismo.

El rigor en Geometría Euclidiana no es sólo en el sistema simbólico, sino en lo que expresa este sistema. La geometría no es un lenguaje, "sino más bien una actividad teórico creativa muy cercana al arte, que más bien exige crear un lenguaje, o una serie de juegos de lenguaje para apoyar esa actividad y para comunicarla a los demás".[9]

---

8   LLOYD G. E. R. *Magia razón y experiencia*. Cambridge. Prensa Universitaria de Cambridge. Pág. 232. 1979.

9   VASCO, Carlos. *El papel del lenguaje en la construcción de las matemáticas*. Memorias del simposio 15, 16, 17 de agosto de 1996. Universidad Externado de Colombia. Bogotá.

La geometría es una actividad conceptual creativa y autónoma. El énfasis de este trabajo está en enseñar, o construir, en los estudiantes, un sistema conceptual que se exprese en un sistema simbólico capaz de crear nuevos símbolos y nuevas reglas en que se expresen los avances conceptuales que el sujeto logre.

Vale la pena tener en cuenta, que el lenguaje manejado por el docente puede incitar, orientar por medio de preguntas, pero nunca remplazar las construcciones mentales que el estudiante logra, cuando es él, el que manipula y reflexiona sobre su acción. La Geometría Euclidiana apoya este tipo de trabajo, donde se evidencia que la mente es más rápida que el lenguaje. El lenguaje no basta, se necesita la realización verbal para expresar a otros cuánto se piensa de la acción. "La figura constituye la realidad matemática objetiva, mientras que la construcción es inherente al sujeto, y en consecuencia no tiene valor de conocimiento científico".

El acceso directo, sin mediación alguna a los objetos matemáticos, crea un sin sabor que se hace evidente en expresiones como: "¿para qué me va a servir esto?", cuando se refieren a teoremas o problemas de geometría, por ejemplo. No se espera quedarnos en lo puramente empírico, es sólo el punto de partida. La experiencia sensorial no es lo único que importa, bien dice Goblot que lo importante en el conocimiento lógico matemático es la operación, porque es el aspecto esencial del razonamiento. Teniendo en cuenta lo que para E. Meyerson considera en la operación: "el espíritu sólo opera mediante conceptos abstractos, conceptos que él crea; pero esta operación sólo la puede observar en lo real, tomarla de lo real. De todas formas la operación lógica es la traducción en el pensamiento de una operación, de un acto real que tiene como puntos de partida, como substratos, no a objetos reales sino a conceptos, ideas".

La escuela ha de tener como una de sus tareas crear objetos abstractos. La Matemática oscila siempre entre lo real y el espíritu. Aspecto del que no escapa la Geometría Euclidiana porque:

a.   El espíritu crea conceptos abstractos, a partir de elementos tomados de su entorno, proporcionados por la sensación.

b.   Una vez que el espíritu crea un concepto, tiene la inclinación, casi irresistible, de ponerlo fuera de sí, y así cambiar el mundo de donde lo ha tomado, creando un nuevo objeto.

La tarea grande que nos proponemos es crear los objetos matemáticos de la Geometría Euclidiana y cumplir con la tarea más importante que recomienda Platón: la tarea intelectual de distinguir las apariencias de la realidad, la realidad matemática. Para ello se hace necesario que el estudiante sepa qué ocurre, que sea consciente del constante cambio del mundo, qué puede hacerse, cómo se puede transformar y cómo puede verse. Continuamente está cambiando su punto de partida. Y lo que debería hacerse para determinar elementos constantes, al menos por una época. Ese mundo sí es real. La tarea intelectual de la escuela es crear "las formas" y "las ideas". Ellas son "las entidades absolutamente reales, se conciben como independientes de la percepción, como susceptibles de una definición absolutamente precisa y como absolutamente permanente, esto es como extra temporales o eternas".[10]

Si bien, no son tan eternas, sí tienen una vida un poco larga que lleva a pensar en dedicar una cantidad razonable de tiempo para conocerlas.

---

10   KÖRNE, Stephan. *Introducción a la filosofía de la matemática*. Ediciones siglo XXI, México, pág. 11. 1977.

## Capítulo 4

Juegos iniciales

Material:

Se recomienda usar palos de balso delgados, que se cortan de diferente longitud, según acuerdo previo, actividad que pueden realizar los estudiantes en el salón de clase con la orientación del maestro. Luego se sumergen en tinta china de diferentes colores mezclada con agua o vinilos por unos diez minutos hasta que adquieran el color deseado. Por último se dejan secar sobre un periódico y cada estudiante toma un grupo de palitos de diferente longitud y diferentes colores.

El hecho de cortar los palos de balso en el salón de clase se hace con el fin de reafirmar la toma de medida de la longitud de un objeto y para apoyar el desarrollo motivacional de los estudiantes. Téngase en cuenta que se busca apoyar a los estudiantes en su formación ciudadana, no estamos interesados simplemente en la transmisión de conceptos.

Se ha observado en los niños de grado sexto, para medir, por ejemplo, 5 cm con una regla: el punto inicial del segmento lo toman en 1 cm y el final en 5 cm, la longitud es solamente de 4 cm. Esta actividad permite que los niños practiquen la toma de medida de longitudes.

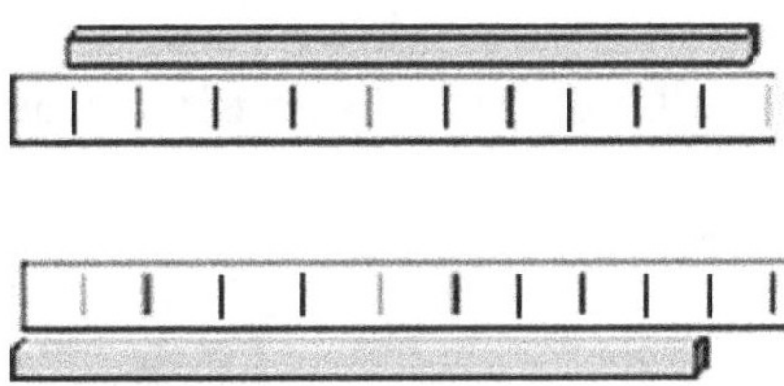

Para el niño, el espacio entre 0 y 1 no es significativo. La primera forma presentada es la que ellos usan.

El cero no es punto de partida cotidiano. En la realidad del estudiante las cosas tienen principio cuando hay un uno, la existencia del primero posibilita la existencia de otros, no se parte de nada para contar, ya que el conteo se realiza siempre con elementos discretos. En Educación Matemática esto debería ser un tema de discusión. La escuela requiere hacer evidente que se cuenta el uno, haciendo referencia de que "antes" hubo un punto inicial, a ese punto le llamamos *cero*, éste puede ser el comienzo de las bases para la densidad de los conjuntos numéricos.

La reflexión sobre este tema no es simple. "La magnitud del cero de cualquier tipo, como las demás magnitudes, es indefinible, hablando en forma estricta, pero es susceptible de especificación por medio de su relación peculiar con el cero lógico".[11] La existencia del cero necesita de mucho tiempo para su estudio, en varios momentos y medios. Esta actividad es una buena excusa para hacer estos planteamientos a los estudiantes. La escuela propicia estas situaciones para avanzar en la formación de conceptos.

Haciendo referencia a los elementos con los cuales se va desarrollando el trabajo, las figuras que se construirán monocromáticas se tornan monótonas para los estudiantes hasta los doce años aproximadamente, porque poco se relaciona con su mundo que es colorido. De entrada se estaría exigiendo la representación de su mundo en una estructura poco común a ellos. No nos cansamos de enfatizar que el papel del docente es apoyar el paso del mundo inmediato al mundo simbólico y conceptual.

Se encontró en la investigación sobre el concepto de área[12] que ante hechos nuevos el estudiante centra su atención sobre un solo aspecto. Entonces pedir ver el mundo basado en segmentos y en un solo color, es exigir fijar la atención en dos aspectos diferentes y correr el riesgo de perder la motivación. Es conveniente determinar el objetivo de la actividad: al representar el mundo con segmentos, se está pretendiendo crear para los estudiantes un nuevo objeto de estudio, el segmento,

---

11   RUSSELL, Bertrand. *Los principios de la matemática*. Editorial Espasa - Calpe. Madrid, 1983. Pág. 225.

12   GARCÍA, María A, Garzón Doris, Saavedra Carmen E. *Construcción del concepto de área en estudiantes de quinto y séptimo grado*. IDEP 085/97.

entonces los colores son algo que le da "vida" a su trabajo, y paulatinamente los irá dejando.

Cuando se construyen los palitos en clase se crea un ambiente de cooperación, se reducen los costos del material, no hay desperdicio, es más rápido y más seguro. Es divertido para los estudiantes, para el docente es un trabajo exigente por la atención que demandan los niños. La expectativa que se crea con la construcción de los palitos es grande: "¿qué vamos a hacer con esto?", es la pregunta que se hace una y otra vez.

Es necesario hacer explícito el cambio del comportamiento social de los estudiantes justificando lo positivo y negativo de hacer el trabajo de esta forma; esto no es fácil porque los estudiantes tienen la inclinación a hacer válido sólo el trabajo que cada uno de ellos ha desarrollado. Esto se presta para el trabajo en equipo.

Actividades básicas

A los juegos iniciales con un material determinado generalmente se les dedica poco tiempo, sin embargo son de gran importancia porque hay aspectos académicos y motivacionales que se pueden desarrollar a través de ellos.

En la actividad no sólo se reconoce las bondades y problemas sensibles, sino que los mismos problemas posibilitan las idealizaciones que apuntan a la concepción de entes matemáticos. Los juegos iniciales tienen la tarea fundamental de crear objetos de estudio. Las razones son de varios tipos:

Académicos:

*   Se ve el mundo de otra forma. Se puede conocer objetos sin tener el objeto. Los objetos no están en el salón, los estudiantes los conocen y definen cuáles son los elementos. La casa y el carro por ejemplo. Esto implica: definir los aspectos importantes del objeto a representar: cuáles son y en qué relación.
*   Se encuentra un nuevo alfabeto para hablar. El segmento es el objeto relevante: "yo construyo un sin número de situaciones".

- La proporcionalidad se hace presente, sin estar definida por la medida extricta de los segmentos.
- La construcción de las vistas de los objetos muestra las figuras clásicas de la Geometría Euclidiana.

Motivacionales:
comportamientos ciudadanos

- El respeto por el trabajo del otro, evidenciado en: camino con cuidado en el salón para no dañar el trabajo del compañero. Lograr escuchar al compañero y realizar acuerdos para el avance de las actividades.
- Mi compañero me puede ayudar: esto tiene que ver con la pertenencia a un grupo. Se desarrollan valores como la cooperación.

Se inicia con juegos, representaciones dirigidas. A continuación se proponen actividades conducentes a construir las ideas de segmento, posiciones de dos segmentos, líneas poligonales, triángulos y cuadriláteros, recta, posiciones de dos rectas, ángulos y comprobación de algunos teoremas fundamentales.

A través de estas actividades el estudiante reconoce los objetos con los que va a trabajar, interactúa con ellos y explora las diferentes posibilidades que su conocimiento le permite para construir formas diversas.

Actividad I

- Por parejas construyen las figuras que deseen con su paquete de palitos.

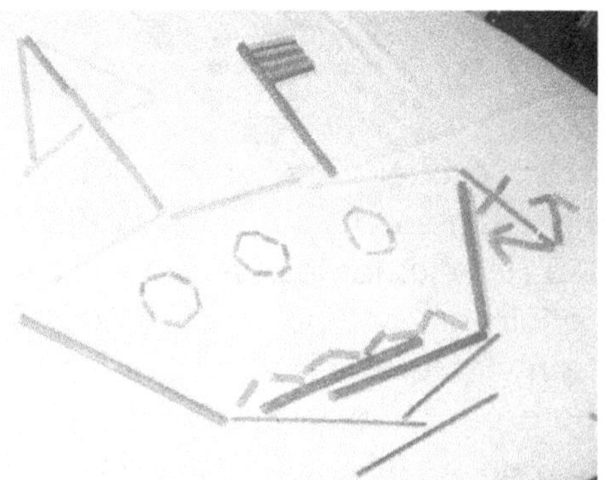

En esta actividad existe la tendencia a construir objetos bidimensionales sobre el pupitre, lo cual se presenta por la facilidad en la ubicación de los elementos.

Esta actividad aparentemente simple, da pie a nuestras primeras observaciones sobre la representación del mundo que el estudiante pueda hacer con elementos tan simples como unos palitos, en nuestro mundo geométrico: segmentos. Vale la pena pedir la representación de lo hecho en el cuaderno. No es un simple juego.

El copiar lo hecho obliga al estudiante a mirar las relaciones que se establecen entre los segmentos y que serán trabajadas formalmente en la clase de matemáticas. Generalmente la emotividad de los niños les lleva a realizar construcciones bien complicadas que al tratar de pasarlos al registro se convierte en una actividad casi imposible de hacer, por eso podemos recomendar que para hacer la tarea en el cuaderno la "simplifiquemos".

Actividad 2

* Elaboran un objeto en forma tridimensional, apoyando la figura con plastilina para su soporte.

Por facilidad se sugiere realizar esta actividad sobre el piso, disponiendo el salón de forma adecuada.

Esta actividad permite definir los elementos y la relación entre ellos para determinar un objeto. Existe la dificultad en la construcción por lo frágil del material, sin embargo, es ahí donde se potencia la colaboración, el respeto por el trabajo del compañero y la búsqueda de la simplicidad de las construcciones que permiten generar riqueza intelectual. Por eso la importancia de un trabajo como éste. Los estudiantes lo intentan una y otra vez, los sueños iniciales terminan siendo esquematizados, razón académica de la actividad.

La dificultad en la construcción de los objetos los lleva a desear imaginar las gráficas y no estar pendientes del objeto. Aspecto clave en la formación del pensamiento matemático de los estudiantes.

Actividad 3

Se invita a los estudiantes a realizar el gráfico de las vistas frontal, superior y lateral de la figura armada en la actividad anterior. Este es un acercamiento a la forma estática en que se trabaja la Geometría Euclidiana. Se recomienda tener extremo cuidado en las observaciones: aparecerán las figuras a las que más tarde les dedicaremos mucho tiempo de estudio. Si bien se ha dedicado tiempo en los primeros grados escolares, aquí el reconocimiento apunta a ver el gráfico basándose intuitivamente en las relaciones de los segmentos, quienes determinan la gráfica. Además es un ejercicio de manejo visual y de concentración. Estamos pasando de la figura a la gráfica.

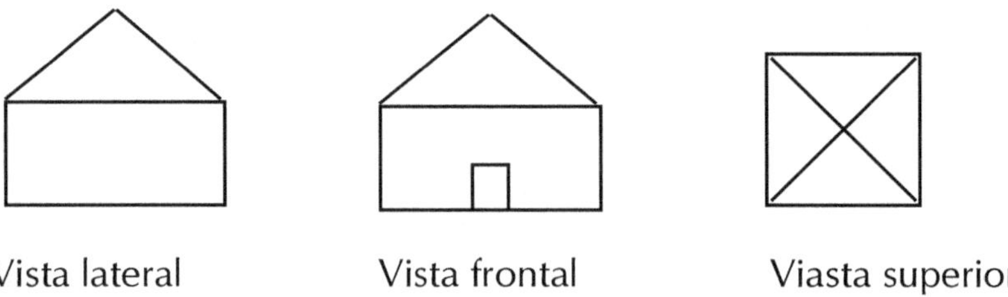

| Vista lateral | Vista frontal | Viasta superior |

Cuando se mira el comportamiento de los estudiantes en el aprendizaje de los conceptos matemáticos, hay detalles que echan por tierra la forma clásica de plantear el problema del aprendizaje, cuando de entrada se trabaja con figuras geométricas sin haber explorado sus elementos básicos. Veamos un ejemplo: una estudiante de diez años de sexto grado, en Santa fe de Bogotá en 1998, cuando se le pidió la vista lateral del edificio que ella construyó, mostró un rectángulo. Se le dice que está bien, entonces ella resuelve hacer otra construcción porque el rectángulo es muy "bobo". Este detalle nos muestra que una figura de este tipo no impresiona a un niño de diez años.

Actividad 4

Se presentan las vistas de un objeto sencillo. Por ejemplo: un cubo con las caras de diferente color, una mesa, un pupitre, y se pide que lo armen usando los palitos de balso. Se aconseja que las vistas lateral izquierda y derecha sean iguales, también la superior e inferior y la frontal y posterior. Tomemos el caso de un asiento del salón de clase.

| Vista frontal | Vista superior | Vista lateral |

Este ejercicio es la reversa del anterior, es la oportunidad de hacer exigencias basándonos en un número definido de elementos. Los tamaños también están predefinidos, si bien no damos una longitud sí hay de hecho una proporcionalidad preestablecida.

Se reafirma la existencia de las figuras trabajadas en geometría y que por ejemplo la niña en un ejercicio anterior rechazaba. Estamos buscando que el niño sepa más de su mundo, para poder pensarlo de otra manera.

Actividad 5

Dibujar las vistas superior frontal y lateral de objetos como: un cubo de madera. El cuerpo puede ser elaborado con cartón paja o jabón con las caras pintadas de diferente color.

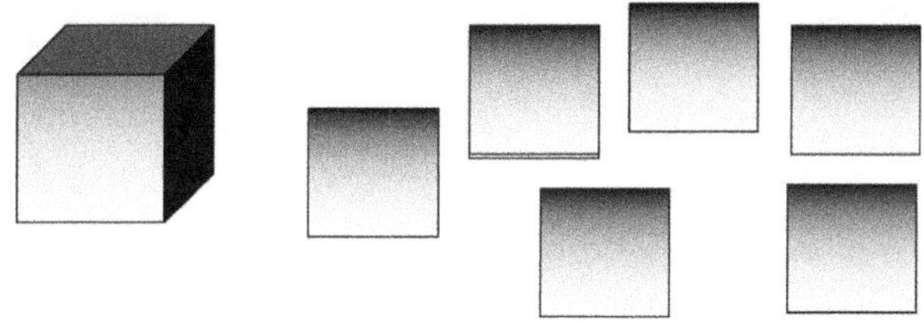

Aquí conviene orientar la observación de los detalles de cada cara que se revise del objeto y la posición que puede tomar el estudiante respecto de éste. El color para cada cara tiene gran importancia para el estudiante. Los esquemas del docente no impresionan lo suficiente, en la medida en que se avanza en el trabajo van viendo que todas las caras se representan con una sola.

Podría pensarse que los esquemas que se construyen son bastante pobres, que lo abstracto es más pobre que la realidad. Y puede ser así, ya que las construcciones nuevas que se plantean son desde un solo punto de vista, el geométrico, dejando aspectos como el color, el peso, por ejemplo. Pero es enriquecedor puesto que nos permite agregar algo, ese algo que no lo tiene el objeto, que sólo es creación del hombre: esto es el aspecto matemático.[13]

---

13   PIAGET, Jean. *Introducción a la epistemología genética*. Volumen 1, capítulo 3.

Capítulo 5

Línea poligonal

Los juegos iniciales que planteamos al comienzo sobre el plano, abren campo a la construcción del nuevo concepto: *líneas poligonales*. Aspectos como estos, se han dejado a la "intuición" del estudiante, sin mirar la serie de reglas que llevan implícitas. Ese abandono a la suerte en la formación de conceptos "triviales" propicia el desinterés en situaciones formales como el teorema de Green, curvas de Jordan.[14]

Cuando se abordan estos teoremas en cursos superiores, los estudiantes universitarios no preguntan sobre el por qué de las restricciones que presentan; piensan que "eso es para niños", pero sus dudas persisten y los planteamientos hechos en el cálculo de variables, por ejemplo, se restringen a aplicar fórmulas de derivadas o de integrales sin comprender la aplicación de los teoremas.

Por esto las bases de los conceptos deben ser de amplia discusión en la clase de matemáticas de cualquier curso de educación básica. En el aula se debe trabajar sobre los "errores" para hacer las observaciones pertinentes. Además se necesita comprender que una actividad no determina la comprensión total de un tema, sino que la actividad va aunando esfuerzos para ello. Debe hacerse muchos ejercicios y hacer explícitos los problemas que lleven a construir las definiciones.

---

14   Curva cerrada simple rectificable. Según lo definido por APÓSTOL, Tom en su Cálculo, volumen II: Supongamos que C viene descrita por una función vectorial continua (definida en un intervalo (a, b(. Si ((a) =((b) la curva es cerrada, si no son iguales recibe el nombre de abierta. Una curva cerrada tal que ((t1) (((t2) para todos los valores t1(t2 del intervalo (a, b(se llama curva simple. Página 393,394,464. Barcelona 1980.

Con las actividades que se presentan a continuación, se busca avanzar sobre la conceptualización de línea poligonal y las implicaciones para cursos de Matemáticas avanzadas.

Actividad I

Organizar unos diez palitos de tal manera que:

- Uno vaya detrás del otro.
- Del extremo terminal de un palito, parte uno estrictamente.
- No puede quedar un palito sobre otro.
- El punto inicial del primer palito no es obligatorio que se encuentre con el punto final del último palito.

Aparecen así un sin número de formas, que en los cursos de cálculo tomarán la forma de curvas lizas.[15] Obsérvese que el número de reglas para la construcción es grande para un estudiante de sexto grado, por ello se requiere hacerlas explícitas. Se van dando una a una en las construcciones para que al final del recorrido se logren ver todas en una sola gráfica. La sola creación de este tipo de gráficas requiere inversión de tiempo para hacer énfasis en las reglas que deben seguir.

Se hace necesario revisar cada trabajo porque en el afán de realizar construcciones diferentes, los estudiantes se saltan las reglas que determinan la línea poligonal.

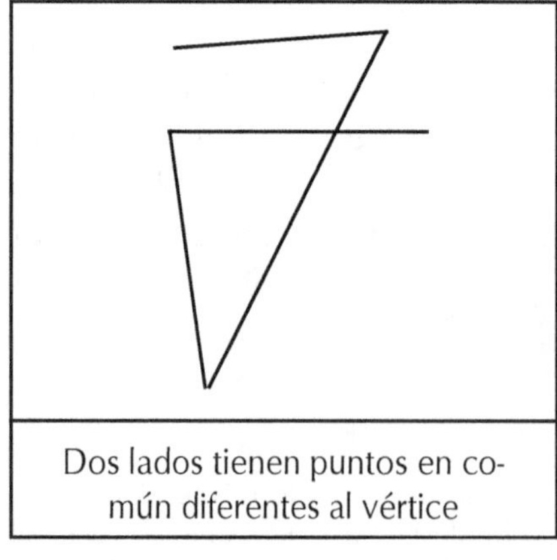

Dos lados tienen puntos en común diferentes al vértice

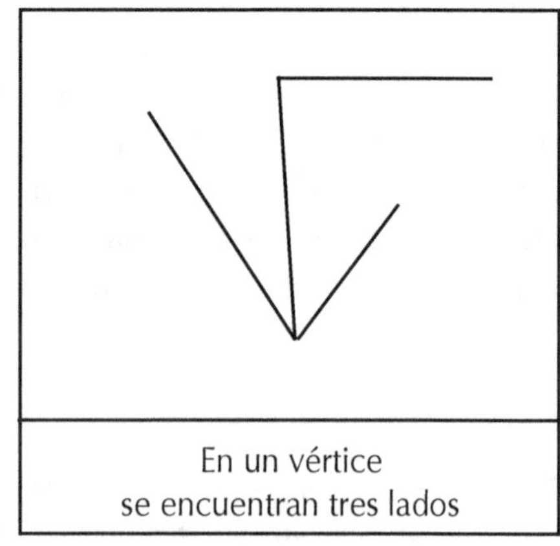

En un vértice se encuentran tres lados

---

15   LEITHOLD, Luis. Cálculo con Geometría Analítica. Harla S. A. Página 970. México. 1973.

Actividad 2

Dibujar la construcción que ha revisado el docente en el cuaderno de la manera más fiel posible. Por ejemplo:

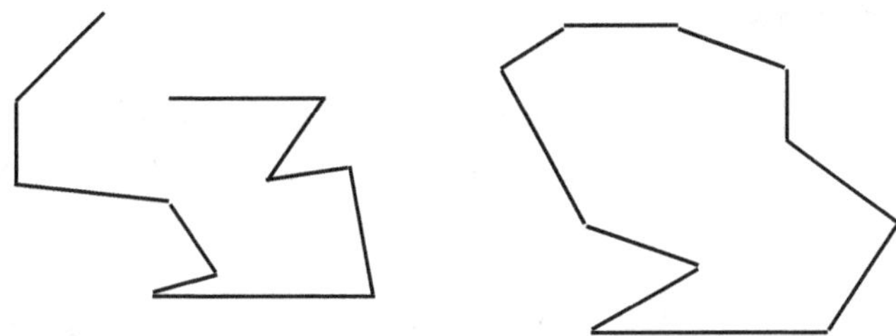

Se invita a que el trabajo que hacen con material concreto en el espacio tiempo, en forma inactiva lo pasen con la mayor fidelidad al cuaderno.

Los estudiantes ven la importancia de los ángulos aunque no se haya trabajado el tema. Es "algo" que define la gráfica, no lo nombran, sólo hacen uso de ello, empieza a existir para los estudiantes de manera informal. Además la construcción de la curva lleva algún sentido dado por el estudiante. Ese "sentido" no es más que la función continua de la que nos habla Apóstol. Los estudiantes con los que se ha trabajado el concepto de ángulo en los cursos anteriores no lo ven con la variación que le presenta la ubicación de los segmentos.

Se puede hablar de los elementos que tienen las líneas poligonales. Los aspectos que cuentan para los estudiantes en este momento son los lados y los vértices y de ellos se habla y se escribe de manera formal. Se elaboran conclusiones respecto al número de lados.

Con la siguiente actividad se pretende avanzar en la nominación de algunos de los elementos de las líneas poligonales.

Actividad 3

Es importante graficar en el tablero algunas de las construcciones que hacen los estudiantes permitiendo con ello la diferenciación pertinente. Así abordamos la primera clasificación: líneas poligonales abiertas, y líneas poligonales cerradas.[16]

Reafirmando lo explicitado pedimos construir por parejas y sobre la tapa del pupitre una línea poligonal abierta y una cerrada de igual número de lados, por ejemplo de seis lados.

Se invita a copiar las gráficas en el cuaderno y asignarle nombre a los vértices para facilitar la referencia a las gráficas. Hay que tener paciencia en este ejercicio porque los niños por hacerlo rápidamente lo realizan a mano alzada y muy pequeño para evitar determinar los detalles. Se necesita que el docente exija que se realice con regla y un tamaño adecuado. Esto implica dejar tiempo en clase para hacer el registro.

Téngase en cuenta que aquí se presenta un nuevo aspecto por aprender: un gran número de letras que no están referidas a ningún objeto del mundo cotidiano. Estamos creando un nuevo mundo, un mundo donde el elemento descriptor es el segmento, nombrado no por una palabra sino por una letra. La letra no se puede colocar en cualquier lugar, se escoge "arbitrariamente" el punto de encuentro de dos segmentos.

Se invita a los estudiantes a determinar los elementos de las líneas poligonales.

- Tienen palitos, que nosotros llamamos lados y lo representamos como segmentos.
- Los puntos en que se encuentran dos segmentos los llamamos vértices.

---

16   Éstas son las acciones que desarrollan el pensamiento matemático. No decirles que hay líneas poligonales abiertas y cerradas sino pedirles que hagan la observación minuciosa que determine la diferencia.

PRIESTLEY, Maureen. *Técnicas y estrategias del pensamiento crítico.* 1996, México. Editorial Trillas, pág. 95.

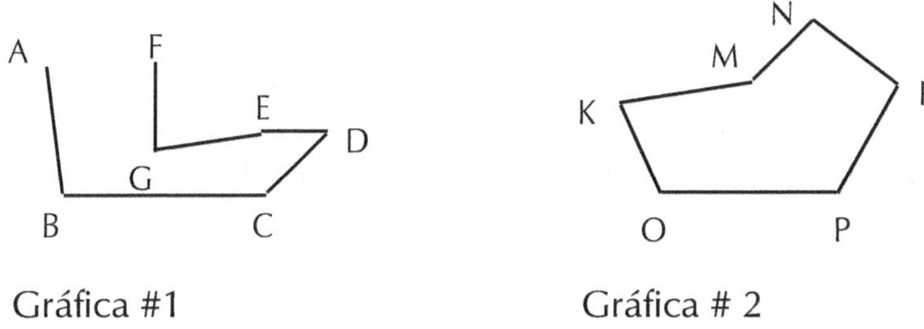

Gráfica #1   Gráfica # 2

Se sugiere que los estudiantes escriban los elementos reconocibles hasta ahora por ellos:

Gráfica # 1. Lados: $\overline{AB}$, $\overline{BC}$, $\overline{CD}$, $\overline{DE}$, $\overline{EG}$, $\overline{GF}$
         Vértices: B, C, D, G, E

De Igual forma se hace con la gráfica # 2.

Otro aspecto a desarrollar en la clase de matemáticas, es la capacidad para organizar datos, que conllevan a hacer clasificaciones, para llevar fácilmente a organizaciones como:

	Línea poligonal abierta	Línea poligonal cerrada
Vértices	A, B, C, D, E, F, G 5	K, M, N, R, P, O. 6
Lados	$\overline{AB}$, $\overline{BC}$, $\overline{CD}$, $\overline{DE}$, $\overline{EG}$, $\overline{GF}$	$\overline{KM}$, $\overline{MN}$, $\overline{NR}$, $\overline{RP}$, $\overline{OP}$, $\overline{OK}$

Observaciones como: el número de vértices es igual al número de lados en una línea poligonal cerrada; en cambio en la abierta el número de vértices es uno menos que el de número de lados. Esta clasificación debe llevar a definir que el punto inicial de una curva cerrada termina siendo el mismo punto final, α (a) = α (b) y sólo en un punto. No se pide que el estudiante lo exprese de esta forma, pero sí que tenga claridad sobre el hecho planteado.

Es bueno recordar que aquí no hemos hablado aún de ángulos, pero en las gráficas sí aparecerán y al pasar al registro el ángulo hace su aparición para poder "copiarlo mejor". Téngase en cuenta que se busca que el estudiante sea el que descubre el elemento, no es el docente quien lo presenta.

Actividad 4

Construir con un número determinado de lados una línea poligonal cerrada y copiar algunas de ellas en el tablero. Por ejemplo de siete lados.

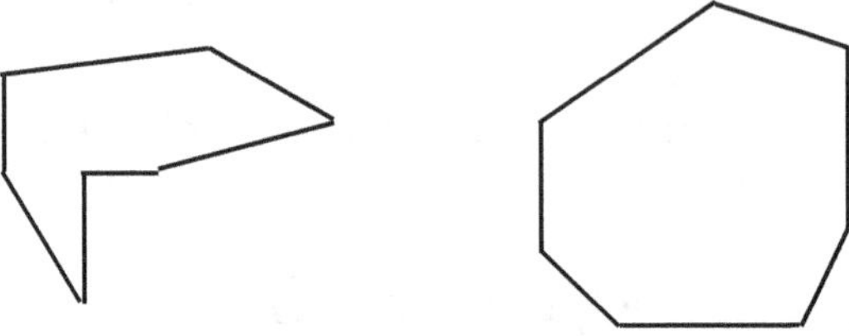

Si se ha permitido a los estudiantes que construyan diferentes líneas poligonales cerradas y nos apropiamos de ellas copiandolas en el tablero, se puede pedir que hablen de las gráficas construyendo expresiones con sentido. Este esfuerzo conduce paulatinamente a ver aspectos que en primera instancia no eran evidentes para el estudiante. El resultado es un trabajo de equipo, estrategia básica de la actualidad.

Ellos expresan cosas como: "una parece que se va a estallar, la otra se desinfló", "una es como redondita y la otra tiene como un hueco".En el aula les decimos a los niños que hablen sobre las gráficas construidas. Se socializa y se escribe en su cuaderno de registro.

Generalmente cuando se trata de crear líneas poligonales, y los estudiantes no han trabajado con material concreto, la única opción son los polígonos regulares, esto impide las transformaciones de la realidad en formas geométricamente regulares. El reconocimiento de las gráficas en estos casos se ve en un solo sentido: los casos canónicos.

Un aspecto importante es mostrar la diversidad de figuras que se pueden construir, por ello se hace necesario posibilitar la validación de este tipo de gráficas. Se invita a que utilizando cinco palitos de igual tamaño se construyan diferentes líneas poligonales cerradas, equiláteras, cóncavas y convexas.

De igual forma se pide construir una línea poligonal abierta con cinco segmentos iguales. Deberíamos llegar a clasificaciones como:

- Líneas poligonales equiláteras abiertas y cerradas.
- Líneas poligonales cerradas equiláteras cóncavas y convexas.

En los grados de quinto a séptimo no es fácil este tipo de clasificaciones en primera instancia, pero si el maestro dirige con los ejemplos que los estudiantes construyen, llegamos todos a un resultado bastante cercano a la clasificación deseada.

Las formas como los niños hacen las clasificaciones en los grados anteriormente mencionados requieren del ejemplo, pero el dibujo va permitiendo el refuerzo y las generalizaciones.

Líneas poliginales de 5 lados

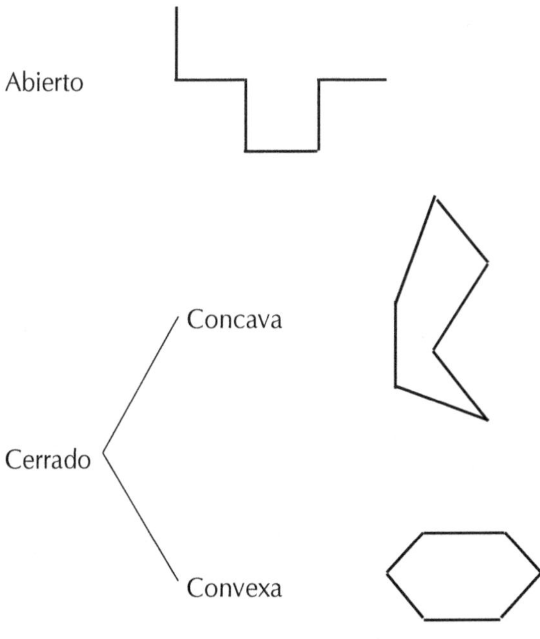

Capítulo 6

Posiciones de dos segmentos

Las relaciones que el individuo crea en un comienzo del desarrollo de su conocimiento son con objetos de su mundo, tridimensionales y finitos. Aquí se trata de descomponer la figura geométrica, para analizar los elementos de este objeto finito que el individuo los ve finitos.

Es por esto que este trabajo sugiere no iniciar con el estudio sobre rectas y sus relaciones sino con el estudio de segmentos. La recta implica una comprensión del concepto de infinito que no es nada trivial. No se niega la necesidad de trabajar el concepto de recta en clase de Matemáticas, sino que a esta altura es necesario crear las condiciones intelectuales para que este objeto, creación del hombre, sea real para el estudiante.

Uno de los aspectos de la Geometría Euclidiana se basa en relaciones entre elementos "semejantes". Se busca ver relaciones abstractas. "La relación más elemental y la base de todas las relaciones lógicas - matemáticas más complejas son las que se establecen entre dos objetos. Por esto vale la pena ir lento pero seguro. Cuando por ejemplo, el niño encuentra dos cucharas, puede concebirlas como de distinto tamaño, iguales, diferentes, más grande que, dos. Estas relaciones no existen ni en una cuchara ni en la otra. Las relaciones las crea literalmente el sujeto que pone en relación los objetos, y si nosotros no los pusiéramos en relación, para él cada objeto permanecería separado y sin relacionar con el otro".[17] Ésta es una de las tareas de la Matemática y por tanto de la matemática escolar. "La originalidad de la Matemática estriba en el

---

17   KAMII, Constance. *El niño reinventa la matemática*. 1983. Pág. 19.

hecho de que en ella se exponen relaciones tales que si se prescinde de la colaboración de la razón humana, no son en absoluto evidentes".[18]

Los ejercicios iniciales de este capítulo están enfocados a ver la existencia de los segmentos, en segunda instancia miramos las relaciones que podemos establecer entre ellos. El segmento como tal debe cobrar importancia en el estudiante. Se va a ver como el mismo, no como la orilla de una ficha o de un cuerpo. En los primeros cursos de educación el estudiante sólo reconoce cuerpos, fichas, pero no elementos que hacen que el cuerpo sea ese o en el caso de la ficha sea esa y no otra. Ir dando pasos para desprenderlos del objeto tempo–espacial llevándolos a la creación de imágenes que permitan construir símbolos.

Si bien, la Geometría Euclidiana es una geometría de relaciones entre elementos "semejantes", hay necesidad de mirar más allá de la percepción inmediata. Hay que mirar en los ejercicios las propiedades de las relaciones: simétrica, transitiva sobre sus objetos de estudio, sobre las imágenes y sobre el símbolo. Es una de las tareas en la construcción de un modelo geométrico.

Téngase en cuenta que el desarrollo del trabajo no es una cuestión empírica, no se refiere el niño a los aspectos matemáticos por descubrimiento inmediato, sino que se requiere propiciar las deducciones tautológicas y los silogismos. Lo elemental no puede confundirse con lo trivial. La escuela lo primero lo mantiene relegado, y se parte de abstractos suponiendo que el niño ya los maneja, pero no se sabe ni cómo ni dónde empezó el niño a tener conciencia de esto. Lo elemental es la verdadera base de cualquier concepto, donde está el trabajo del docente de matemáticas para cada grado de la educación básica.

La representación del trabajo merece atención; el hombre puede reconocer un objeto, pero para comunicarlo requiere pasar entre otras cosas por crearle un nombre. Los pasos de esta creación en matemáticas y por lo tanto en geometría lo acompaña y valida la escuela. Nos interesa que las cosas que se programan en la escuela tengan significado para los estudiantes, esto hace que se esmeren en ser muy fieles al trabajo, entonces aparecen situaciones como la representación de un segmento en la siguiente forma:

---

18   WHITEHEAD, Alfred. *La matemática como elemento en la historia del pensamiento.*

Podría pensarse, cuando se hacen los primeros registros de las actividades con segmentos, que están dando marcha atrás, pero en la medida en que se va trabajando cambian a situaciones más simples.[19] Aquí se empieza a construir el concepto de segmento. Luego pasan a representaciones más esquematizadas.

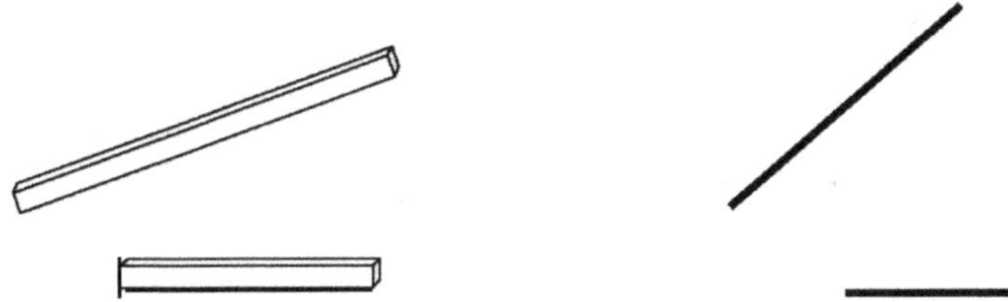

Las diferentes representaciones van revelando la construcción de un elemento sin grosor, sin importar el color. No les va a interesar si el palito que inspira la idea es grueso o delgado. Es aquí donde se pone en evidencia el avance espiritual desde la Matemática, equivalente a cuando entre cinco limones, cinco cucharas, cinco personas logramos ver una constante: el cinco.

Se está abstrayendo de los palitos una de sus esencias, un conjunto de puntos ubicados de una forma especial, que aun cuando no los pueden discriminar uno a uno, sí pueden hacerse a la idea en el transcurso de las representaciones de las acciones propuestas en clase.

Actividad I

Se sugiere a los niños formar unas cinco parejas de palitos, en las posiciones más diferentes posibles. Lo más probable es que la diferencia la centren en el color y el tamaño. Se hace énfasis en colocar cada par de palitos en las formas más diversas posibles sobre la tapa del pupitre.

---

19   Esto no es más que propiciar y acompañar en la construcción de un concepto a los estudiantes. En este caso el de los segmentos.

Por ejemplo:

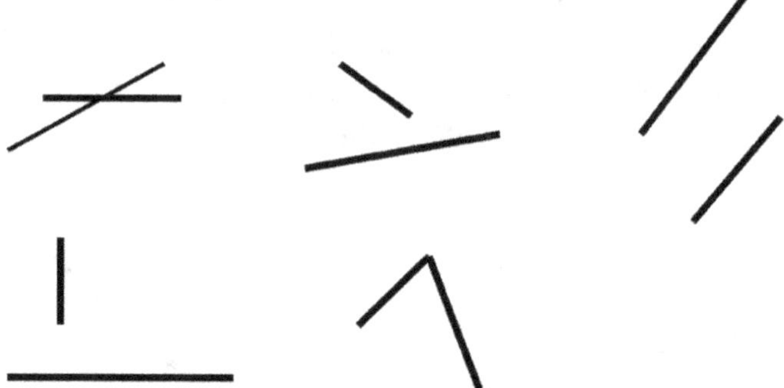

Así aparecen sobre la tapa del pupitre, pero el trabajo escolar se dirige a aprender a discriminar y a sintetizar. Aquí se hace necesario analizar pareja por pareja, recomendando encerrarlas con una curva en el cuaderno para "saber" de qué pareja de segmentos se está hablando.

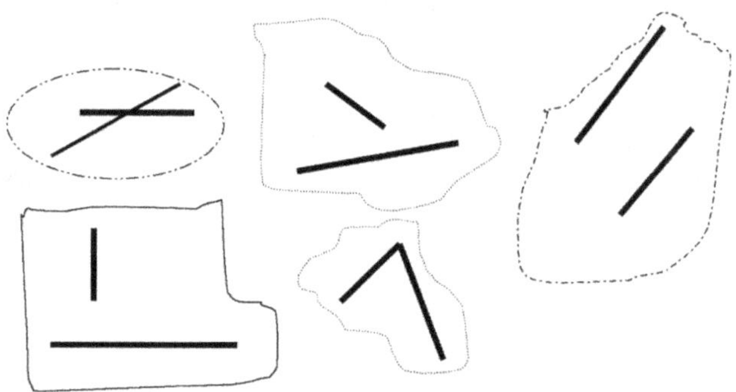

Estos son los detalles que generalmente se omiten en una clase de geometría pero que para el estudiante son básicos, dado que les permite fijar la atención y hablar de ellos. Téngase en cuenta que esto es nuevo para los niños, luego se pedirá que se haga explícito a qué pareja se hace referencia.

Al observar las diversas formas de ubicación de parejas de segmentos se pueden definir dos conjuntos disjuntos de segmentos bajo el aspecto que observamos. Cada una de estas clases merece estudio especial: segmentos que tienen un punto en común o se cortan en un punto, y otro formado por las parejas de segmentos que no tienen un punto en común.

Se pregunta: ¿qué podemos decir de los palitos que están en el pupitre?, ¿todos los que están en la tapa del pupitre tienen un punto en común?. Son preguntas aparentemente simples, pero en esta área son básicas y requieren una discusión amplia teniendo en cuenta el carácter de totalidad en un conjunto y la argumentación. Se tiene en cuenta la importancia de construir proposiciones en el sentido matemático. Las proposiciones dadas por los estudiantes no necesariamente apuntan a nuestro objetivo. Presentamos expresiones que una vez dada la idea por los estudiantes de sexto grado se redacta por todo el curso:

- Todas las parejas de segmentos son rectas.[20]
- Todas las parejas de palitos tienen superficie.
- Algunas de las parejas de segmentos tienen un punto en común.
- Algunas de las parejas de segmentos son de igual tamaño.
- Ninguna pareja de segmentos está formada por un solo segmento.

Volvemos a tener en cuenta la tarea de la clase de matemáticas: mostrarle al estudiante su capacidad de crear objetos más allá de lo tridimensional y de la temporalidad. Al poner en discusión este tipo de observaciones se hace énfasis en expresiones como: "algunos segmentos tienen un punto en común y otros no".

Se espera que estas observaciones salgan del estudiante, no es el docente el que va diciendo sino más bien el que va ayudando a organizar las observaciones de ellos, iniciando el camino en el enunciado de los axiomas de la Geometría Euclidiana. ¿Podrían dos segmentos tener más de un punto en común? Generalmente a la pregunta le acompaña un largo silencio, por ello es necesario invitar a los niños a que organicen los palitos de otra forma para que constaten que "nunca" se cortan en más de un punto.

En educación matemática la tarea no es el aprender un sin número de expresiones algebraicas o demostraciones, sino crear las condiciones que le lleven al manejo de las anteriores y a la creación de otras, por ello las expresiones que generalicen son primordiales. Es fundamental posibilitar la escritura de expresiones como:

---

20   La palabra recta está lejos del concepto matemático, lo ven por tener la apariencia de derecho.

1. Tienen un punto en común.
2. Tienen un solo punto en común.
3. Dos segmentos tienen sólo un punto en común.
4. Dos segmentos ubicados en un mismo plano tienen solo un punto en común.
5. Dos segmentos ubicados en un mismo plano tienen a lo más un punto en común.

Obsérvese en el primer caso, la respuesta es netamente inmediata, no habla de los sujetos que estudia. En el segundo caso sigue con la situación, supone que todo el mundo sabe de quién se habla, se fijan en la existencia de un solo punto. En el tercero el sujeto es explícito. En el cuarto caso, acepta que hay otras circunstancias y hace referencia estrictamente a lo que puede ver. La última forma presenta un razonamiento y una escritura mucho más elaborada.

No se puede esperar que en forma temprana aparezca el tipo de formalidad del punto quinto pero el docente ayuda a ir creando este tipo de expresiones. El ejercicio apoya el desarrollo de las competencias básicas como: la lectura y la escritura, el análisis y la síntesis.

La elaboración de cada una de estas expresiones matemáticas necesita la intervención directa del docente, ya que se muestra el nivel de desarrollo en los estudiantes porque cada uno tiene un aporte distinto. No es fácil, pero sí es bien importante en la medida que permite ir definiendo qué son los segmentos, saber "cómo" son y qué genera, qué se logra usando el verbo respectivo; el predicado que define la relación con el punto, soñar que es un pedazo de segmento muy pequeño, sin dimensión. Estos son aspectos básicos en la construcción del concepto de variable, se requiere que el estudiante tenga la estructura mental para entenderlo.[21]

La forma particular como se notan los segmentos en Matemáticas merece especial cuidado al trabajarlo en el aula. A los estudiantes les basta una sola letra para dirigirse a las acciones de estos, se refiere a ellos por el color, y es así como paulatinamente pasan de dibujar un objeto a representar el objeto por un segmento, de la misma manera van asumiendo la nomenclatura particular de la Geometría, aunque en

---

21   RUSSELL B. *Naturaleza de la variable*. Espasa - Calpe España. Pág. 122.

forma más lenta. Esto lo vamos planteando en las siguientes actividades para no recargar de aspectos nuevos a los estudiantes.

Segmentos paralelos

Se pasa a una nueva clasificación. Se sugiere mirar parejas de segmentos que no tienen un punto en común. Se cree que estos hechos son de percepción inmediata, pero bien dice Mario Bunge en su reflexión de "La intuición como percepción":... "la aprehensión de un objeto físico, es decir la intuición sensible, depende de la acuidad perceptual del sujeto, su memoria, su inteligencia, su experiencia y su información; no percibimos lo que no estamos preparados para descubrir".[22] Esta es una de las tareas de la educación matemática.

Actividad 2

Se invita a colocar unas cinco o más parejas de segmentos que no tengan un punto en común de la forma más diversa. Por ejemplo:

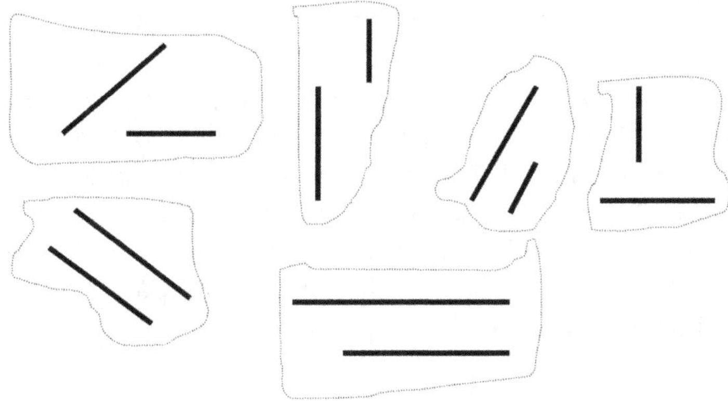

De igual forma a lo hecho en la actividad anterior se pide construir proposiciones que hablen de la situación anterior. Algunas de ellas son:

- Ninguna de las parejas de palitos tienen un punto en común.
- Las parejas de segmentos no tienen que ser de igual tamaño.

---

22   BUNGE, Mario. *Intuición y razón*. Editorial Sudamericana. 1996. Pág. 121.

- En algunas parejas de palitos, si se mueven en la dirección en que están, terminan teniendo un punto en común.
- Algunas de las parejas de segmentos por más que se muevan en la dirección que tienen, nunca tienen un punto en común.

No es fácil relacionar las parejas de segmentos paralelos, la situación es bien sutil. Podemos sugerir "mover" en cada caso uno de los segmentos siguiendo su dirección y mirar qué pasa, esto nos lleva a afirmar que en unos se vive una situación muy especial, no se encuentran aunque los movamos como si "se prolongaran", como "si crecieran hacia atrás y hacia adelante", entonces tenemos el caso especial de los segmentos paralelos. Aquí se empieza a concebir el concepto de recta, porque se nota que la prolongación que se puede hacer en cada extremo no tiene límite y que el segmento es sólo una parte de la recta.

Las formas como expresan los niños la posición es: en primera instancia ayudándose con su cuerpo para pasar a expresiones como: "las dos tienen el mismo sentido", "van para el mismo lugar". Las expresiones presentadas combinan la palabra segmento, y palito. Es natural que se presente esta situación, en la medida en que se trabaje sobre la hoja se irá superando refiriéndose solamente al segmento.

Se podría discutir algunos otros aspectos propios del paralelismo, por ejemplo con relación al paralelismo entre curvas o que dos circunferencias concéntricas son paralelas porque las pendientes de las rectas tangentes a ellas y que pasan por el mismo valor de x son iguales. El profesor lo determina de acuerdo al nivel de los estudiantes. Ya está vista la existencia de la relación de paralelismo, pasamos a analizarla en otras situaciones.

Actividad 3

Se pide que armen parejas de segmentos que sean paralelos. Se aconseja ver la relación de paralelismo en situaciones no canónicas, puesto que se ha estudiado el reconocimiento de paralelismo en los niños en situaciones como las presentadas a continuación.

Bien podría decirse que los niños le añaden una característica a la relación de paralelismo y es tener los dos segmentos igual longitud. Fuera de esto, las dos últimas situaciones no son aceptadas por la mayoría porque es poco usada como ejemplo en las clases de geometría.[23]

Esto implica evidenciar las propiedades de las relaciones que se cumplen en la relación de paralelismo. Así podemos ayudar a evitar errores conceptuales en nuestros estudiantes.

Ejercicios como el siguiente pueden ayudar a evitar estos problemas. El reconocimiento de la relación de paralelismo en casos como:

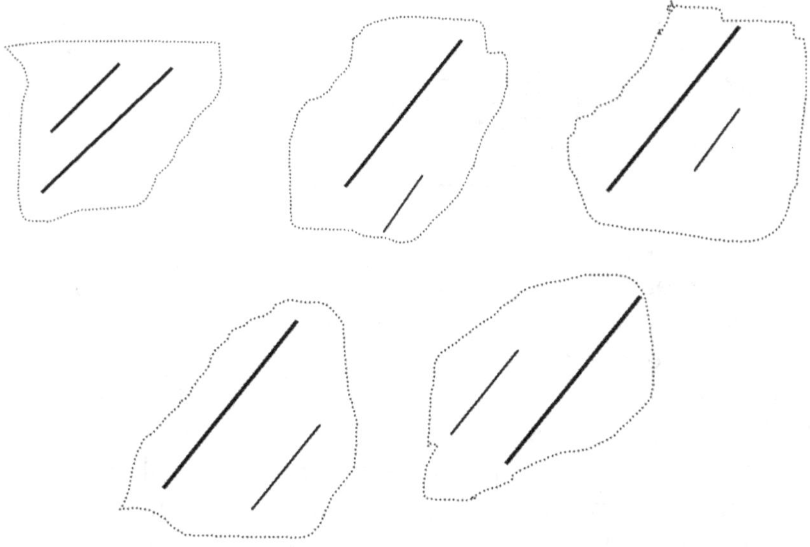

Es importante independizar el paralelismo de la "posición" cerca o lejos la una de la otra, de ello dan cuenta los dos últimos ejemplos, del

---

23   DICKSON, Linda y otras. *El aprendizaje de las matemáticas.* Editorial Labor S: A. España, 1991. Pág. 19.

tamaño y del color dan muestra los tres primeros. Se va más allá de los aspectos que trabajó la sicología de la forma, dejando los aspectos a considerar como la forma y la cercanía como la única tarea por abordar. El trabajo en Educación Matemática es mucho más amplio y este tipo de observaciones nos permite dar un paso adelante.

Es importante recalcar que el paralelismo es una *relación* entre dos segmentos, entonces $\overline{NT}$, no puede ser paralelo; no es cualidad del segmento sino una posición de un segmento referido a otro.

La escritura puede aparecer en esta actividad. No es el palito rojo que es paralelo al verde, es necesario invitar a colocarles nombre en los extremos de los segmentos con letras mayúsculas y pasamos a hablar de una nueva forma:

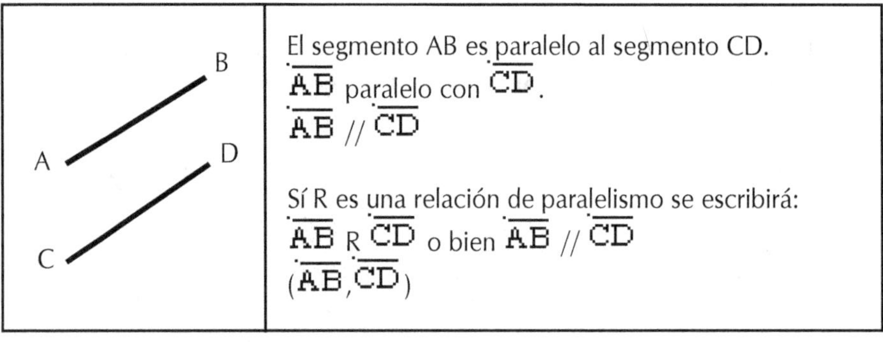

La escritura en cada uno de estos momentos toma su tiempo, generalmente se cree que basta con afirmarlo una vez, sin embargo, uno de los grandes avances en matemáticas es precisamente éste, porque ha permitido crear un lenguaje universal, pero su creación no es inmediata. Leer y escribir en matemáticas no es lo mismo que en Español o en Historia, aún en Geometría no se escribe de la misma forma que en Álgebra. En el aula de clase se debe tener en cuenta por parte del docente estas situaciones. Es una forma de hablar que se usa sólo en la clase de matemáticas, esa exclusividad crea dificultades en su aprendizaje, pero aporta en la formación de modelos simbólicos.

La rigurosidad en la escritura posibilita la creación de nuevos objetos, nuevas relaciones que paulatinamente se van alejando de lo puramente perceptual.

El paralelismo como una relación simétrica

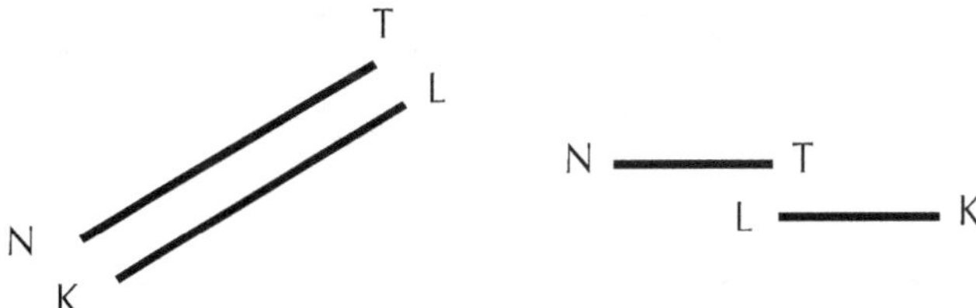

La relación creada se independiza del lugar desde el que se mira.

$\overline{NT}$ R, $\overline{KL}$ O $\overline{KL}$ R $\overline{NT}$, o bien el llegar a:

$(\overline{NT},\ \overline{KL})$, o $(\overline{KL},\overline{NT})$

Esto debe llevar a conclusiones como: no importa cómo miro el problema, de derecha a izquierda, o a la inversa; de arriba hacia abajo o de abajo hacia arriba.

De igual forma sucede con la transitividad. Fielker hace referencia a estudiantes a los que se les presentó la siguiente gráfica:

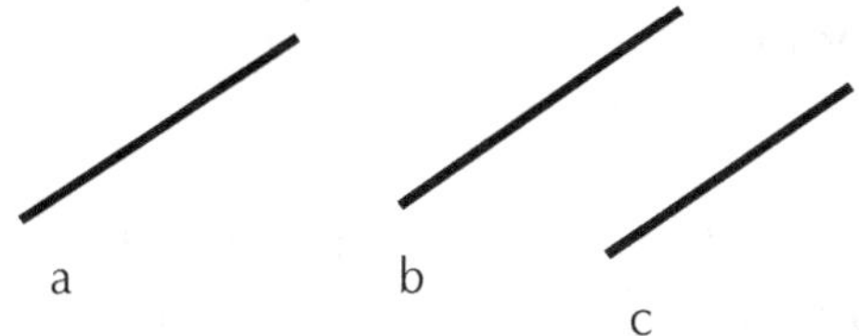

Y el docente dice: "a es paralelo a b, y b es paralelo a c". Entonces podemos decir: "a es paralelo a c". "No, contestan, porque b está de por medio"[24].

Este detalle aparece en los estudiantes porque aún permanecen pegados a la relación entre dos objetos. Necesitamos jugar con los elementos quitando y poniendo los segmentos y enseñando a mirar sin quitarlos. El tipo de respuesta que van dando los niños muestra la amplitud de la relación, que son las bases del pensamiento geométrico deductivo.[25]

---

24   FIELKER, D. S. A *structural approach to primary school geometry. Mathematics Teaching,* 63. 1973. Pág. 12 - 16.

25   Las estructuras esenciales del pensamiento lógico aritmético están constituidas por las clases, las relaciones asimétricas y los números. Piaget. *Introducción a la epistemología genética.* Volumen 1. Página 267.

Los ejercicios que planteemos pueden llevar a situaciones como:

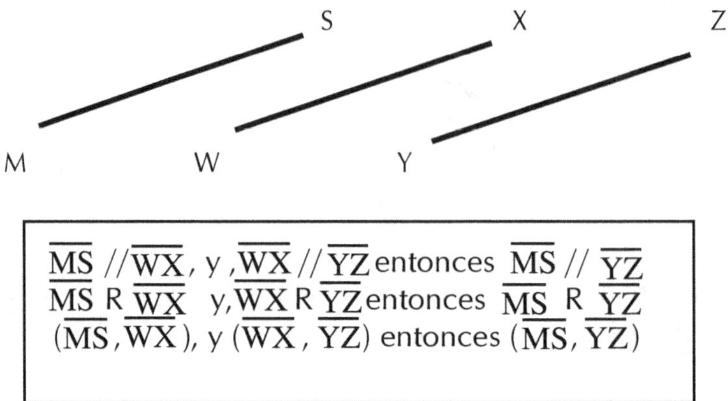

La observación, la escritura y las conjeturas no aparecen en el primer ejercicio, es algo que poco a poco se da en los estudiantes, a medida que las primeras situaciones se van haciendo obvias para él.

Segmentos perpendiculares

La perpendicularidad entre dos segmentos está asociada a un ángulo recto. Por ello cuando se estudiaron segmentos paralelos no se abordó la perpendicularidad, en ese momento no habíamos explicitado el ángulo.

Téngase en cuenta que la definición de perpendicularidad está asociada al ángulo recto, y el ángulo recto a la perpendicularidad de los segmentos. No es fácil determinar cuál de los dos aparece primero. Se recomienda abordarlo una vez se haya hecho un estudio de los ángulos propuesta en el capítulo VI.

Actividad 4

De nuevo se invita a colocar parejas de palitos en la posición de formar ángulos de 90°, haciendo alusión a la esquina cuadrada de un triángulo rectángulo, a la esquina de un escritorio o de una puerta. Se invita a comprobar su perpendicularidad haciendo uso de una escuadra, de la esquina de un libro o de una hoja. Se enfatiza la elaboración del registro por parte de los estudiantes.

Cuando se pasan al cuaderno las formas que los estudiantes han encontrado con el material concreto, se nota una gran dificultad para "pintar" en la hoja. Se puede decir que requieren que el docente ayude a cada uno de los estudiantes de sexto grado en la construcción de los gráficos, puesto que puede suceder que registre sólo las formas canónicas, o bien que en el registro no queden los segmentos en realidad perpendiculares. Por ello podríamos perder parte de nuestro trabajo. Esto evita problemas como los encontrados por Kerslake, en que estudiantes de secundaria habiendo recibido clases de Geometría responden a la pregunta de, cuáles segmentos son perpendiculares así:

L	L	⌐	⤢	⌃	⟋
83%	93%	63%	60%	63%	56%

De nuevo a la relación de perpendicularidad se le añade la restricción de que los segmentos sean de igual longitud, las posiciones canónicas son las que tienen más validez.

Se necesita hacer énfasis en que la perpendicularidad es una relación entre dos segmentos, vale la pena ver los estudios realizados por Zykova, 1969. Se necesita llevar al manejo de conjuntos y ver sus propiedades. Proponemos unos ejercicios para ello.

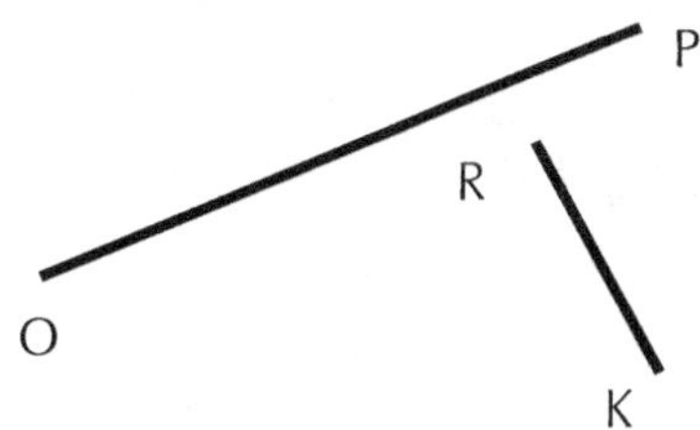

Se puede presentar una gráfica como ésta y pedir que hablen de ella.
Ya se ha visto esto con material, requerimos que se vayan desprendiendo de los objetos de espacio-tiempo y pasen a mirar sólo el objeto Matemático: los segmentos.

$\overline{OP}$ es perpendicular a $\overline{RK}$

$\overline{RK}$ es perpendicular a $\overline{OP}$

$\overline{OP} \perp \overline{RK}$, o, $\overline{RK} \perp \overline{OP}$

Si R es una relación de perpendicularidad:

$\overline{OP}$ R $\overline{RK}$,o, $\overline{RK}$ R $\overline{OP}$

$\overline{OP}$, $\quad \overline{RK}$, o, $\overline{RK}$, $\overline{OP}$

Respecto a la transitividad.

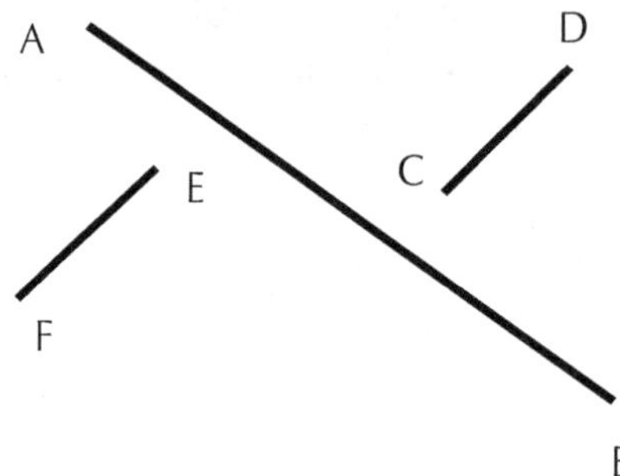

Hechos algunos ejercicios sobre la relación de paralelismo y sus propiedades, podemos invitar a mirar gráficas como la anterior, hablar y escribir de ella. Nótese que se están pidiendo tres acciones, la última juega un papel importante en Matemáticas, puesto que en ella siempre buscamos desprendernos de lo sensorial y la escritura de los hechos nos muestra un camino para ello.

Los estudiantes, una vez fijada la atención, llegan a expresiones como: "si dos segmentos son perpendiculares a un tercero, los dos primeros son paralelos". Si bien, es una observación válida, necesitamos un acceso más formal de la conclusión.

$\overleftrightarrow{AB}$ es perpendicular a $\overleftrightarrow{CD}$ y $\overleftrightarrow{EF}$ es perpendicular a $\overleftrightarrow{AB}$ entonces $\overleftrightarrow{CD}$ es paralela a $\overline{EF}$

$\overline{AB} \perp \overline{CD}$, $\overline{EF} \perp \overline{AB}$ entonces $\overline{CD} \perp \overline{EF}$

Si R_1 es la relación de perpendicularidad y R_2 es la relación de paralelismo, podemos decir que:

$\overline{EF}$ R_1 $\overleftrightarrow{AB}$, y, $\overleftrightarrow{AB}$ R_1 $\overleftrightarrow{CD}$ entonces $\overline{EF}$ R_2 $\overline{CD}$

($\overline{EF}$, $\overline{AB}$), y, ($\overline{AB}$, $\overline{CD}$) entonces no existe ($\overline{EF}$, $\overline{CD}$)

Por ello la perpendicularidad no es una relación transitiva.

Actividad 5

Generalmente una vez que se ha determinado las situaciones en las cuales relacionamos los segmentos como paralelos, concurrentes o perpendiculares, necesitamos hacer ejercicios que conduzcan a afianzar estos conceptos y llevarlos al concepto de recta y las relaciones posibles de establecer. Se puede proponer ejercicios como:

En el gráfico que se encuentra a continuación ubique tres parejas de segmentos que sean paralelos, tres que sean concurrentes y tres que sean perpendiculares. Dar nombre a cada segmento para señalar su relación.

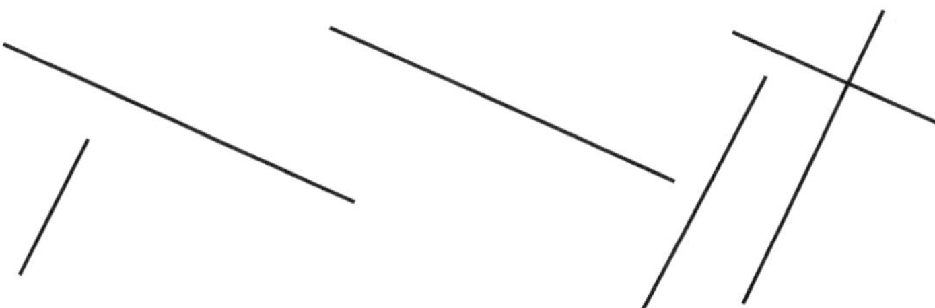

Ejercicios de este tipo pueden parecer simples, pero podemos aprovechar para hacer ver las relaciones prolongando los segmentos, nominando para hablar en forma correcta de la relación. En grado sexto, estos ejercicios tienen una gran incidencia. Se recomienda presentar variación de esto a lo largo del año con el objetivo de afianzar los conceptos enunciados anteriormente.

Capítulo 7

Triángulos

La Geometría Euclidiana realiza gran parte de su desarrollo basada en triángulos, en consecuencia se requiere un estudio en los grados sexto y séptimo que implique una amplia comprensión de las posibles relaciones entre los elementos de los triángulos y el triángulo mismo, además se debe incentivar la escritura con símbolos y la interpretación de gráficos.

Actividad 1

Se invita a los estudiantes, para que con tres palitos construyan una línea poligonal cerrada.

Según el nivel de desarrollo que se detecte en la aplicación de la unidad relacionada con líneas poligonales, se puede plantear la pregunta:

¿Es posible que esa línea sea cóncava?

Las posibles respuestas pueden ser:
"Los lados no dan".
"No se pueden doblar".

Con estas frases están asumiendo que no es posible construir una línea poligonal cóncava de tres lados.

Esta actividad determina una de las características principales de los triángulos que consiste en afirmar que no existen dentro de la Geometría Euclidiana triángulos cóncavos. A partir de este momento se abordará la representación gráfica del triángulo, sus elementos, la correspondiente notación y unos primeros acuerdos sobre el concepto y la definición.

Actividad 2

Se propone organizar grupos de tres palitos y construir una línea poligonal cerrada con cada grupo. Luego se pide dibujar en el cuaderno las construcciones realizadas y escribir las semejanzas y diferencias. Por facilidad se sugiere presentar columnas con las observaciones respectivas que se obtienen en la socialización de esta actividad.

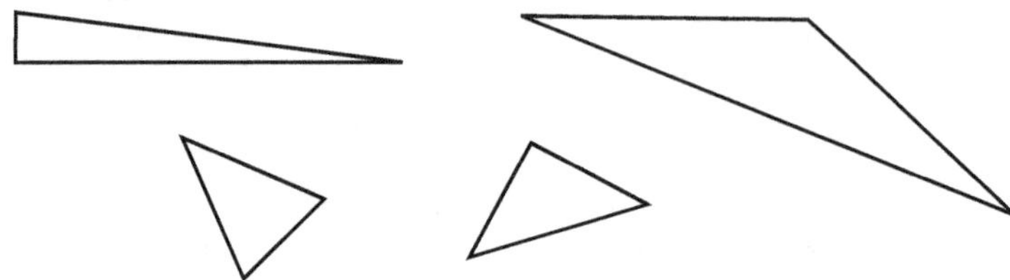

Se debe resaltar las observaciones de las diferentes representaciones, como: "están formados por tres palitos", "tiene tres esquinas", "no hay triángulos cóncavos".

El hecho de pedir dibujar el trabajo realizado con cierto material es conducir a determinar dentro del conjunto de triángulos sus características, para que el individuo intuya clasificaciones.

El paso del trabajo con material concreto a la figura sobre la hoja requiere dedicación por parte del docente. Si se busca que el estudiante reconozca una gran gama de triángulos y vaya viendo en ellos aspectos comunes y diferencias, el trazado en la hoja es un buen punto de apoyo. Generalmente el estudiante grafica sólo los triángulos con ángulos agudos y aún en cursos avanzados se cree que sólo existen triángulos acutángulos. De ahí el énfasis que se trata de dar a esta actividad.

Opuesto a lo que muchos creen, que el copiado es una tarea trivial, los niños tienen problemas para la ubicación de segmentos sobre el papel, por esto la tarea propuesta es ardua, requiere de una supervisión casi de estudiante por estudiante para seguir haciendo énfasis que hay triángulos rectángulos y obtusángulos.

Apoyar el copiado de los diferentes triángulos construidos aporta a la tarea de clasificarlos. Algunos estudiantes se conforman con calcar el triángulo que se puede bosquejar con una escuadra, por ello es bueno revisar que en el registro aparezcan los triángulos que ellos han armado. Ante la dificultad de registrarlos se puede recomendar ubicar los palitos sobre el cuaderno y marcando los vértices les queda más fácil trazarlos.

La forma como se ubican las figuras también tiene importancia. No podemos restringir la representación a las formas canónicas. En estudios que se han hecho, los niños diferencian entre el triángulo de la clase de Matemáticas y lo que presiente que son triángulos.[26] Cuando se pidió trazar exactamente cuatro triángulos en el cuadrilátero hicieron entre otras soluciones:

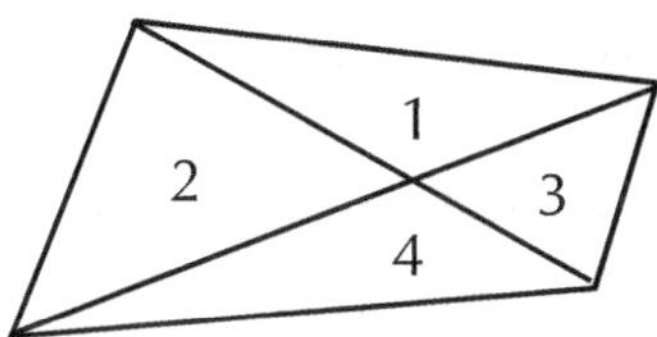

Cuando se les pidió aclarar por qué numeraban ellos dijeron: "para que el profesor sepa que también son triángulos el 1,2, y el 3". Lo que se asume como triángulo en clase es el número 4, esos son los ejemplos que se ponen, por ello la aclaración del estudiante, él reconoce los otros pero no sabe si para la clase también lo son.

Haciendo uso de las semejanzas y diferencias encontradas como resultado de la socialización, se puede trabajar los elementos del triángulo: lados y vértices, sólo estos elementos, porque los demás no son significativos en este momento para la mayoría de los estudiantes.

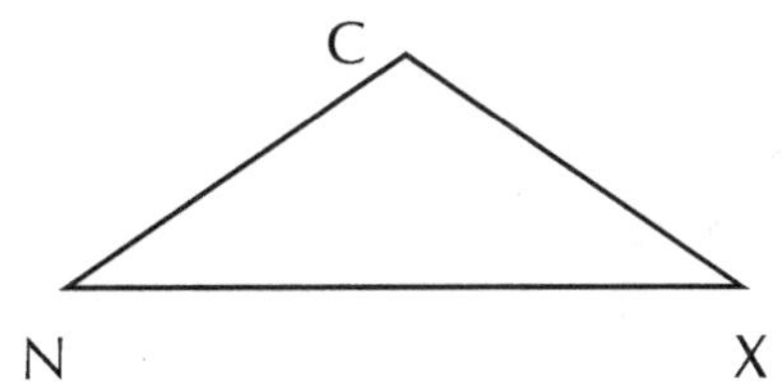

En la representación se invita a nombrar el lugar donde se "encuentran" dos segmentos, empleando letras mayúsculas y, se advierte que al hacer referencia al triángulo NXC se escribe $\triangle$ NXC.

---

26 AMA *Desarrollo del Pensamiento Matemático. En la educación básica.* A.M.A. Santafé de Bogotá, 1994. Pág. 19 a 33.Gráficas Arévalo Ltda.

Para notar los elementos del triángulo:

El lado NX: como es un segmento se representa como tal: $\overline{NX}$. La tendencia en los estudiantes es dar a cada segmento una sola letra para nominarlo. Se recomienda hacer énfasis en colocar los nombres en los extremos de los segmentos. Para ellos no es fácil porque las cosas se llaman con un solo nombre en su mundo.

Los vértices son los lugares donde se encuentran o interceptan dos lados y por ser puntos, se representan con letras mayúsculas. El vértice es un término que no es del lenguaje común, para el estudiante lo usual es punta. Es necesario dar tiempo para el cambio de nominación que en los años escolares anteriores se ha empezado a trabajar.

Fijémonos que se da un salto grande en la forma de ver la gráfica con forma de triángulo. Estamos pasando de

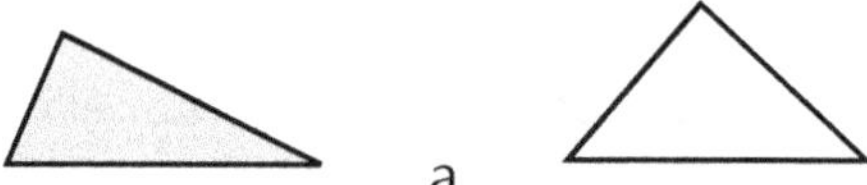

En la primera situación la razón de ser del trabajo escolar está en el reconocimiento de una región con forma triangular al concepto de triángulo y llegar a la definición como: una línea poligonal cerrada de tres lados.

Clasificación de triángulos según los lados

La clasificación ha tenido un momento intuitivo al comienzo de este trabajo. Cuando se realizó el registro en el cuaderno de los diferentes dibujos de las construcciones realizadas, se fueron viendo diferencias que a continuación se harán explícitas.

Actividad 3

Arme grupos de tres palitos de igual medida, donde las longitudes entre los grupos sean diferentes. Con cada grupo construya triángulos, represéntelos en el cuaderno y escriba las observaciones correspondientes.

Algunas observaciones son: "todos son parecidos", "unos están acostados y otros parados en el vértice", "unos son pequeños y otros grandes, pero todos son triángulos."

El grupo puede apoyar en la construcción de expresiones más completas como:

a. Todos los triángulos que tengo son parecidos.
   Preguntas como: *¿cuáles?, ¿en qué se parecen?, encaminan la construcción de respuestas más elaboradas:*
   "Todos los triángulos que hicimos con tres segmentos iguales son parecidos en su forma".

b. Unos están acostados y otros parados en el vértice.
   Qué significa "que están acostados".
   "Algunos de los triángulos que hemos construido tienen un lado paralelo a la orilla del cuaderno".

c. Unos son pequeños y otros son grandes. Pero se parecen.
   ¿En qué se parecen?
   "No importa si los segmentos son pequeños o grandes, la forma del triángulo sigue siendo igual".

Cada una de las expresiones implica un alto grado de generalidad para estudiantes de sexto grado. Al estudiante le es difícil llegar solo a ellas, es el docente el que va ayudando a su construcción a partir del trabajo que los niños van haciendo.

Con respecto a la representación se puede decir que es probable que en los cuadernos todos los triángulos se dibujen de tal modo que uno de los lados sirva de base (forma canónica); es bueno que el maestro oriente otras posiciones que no son tan fáciles de graficar. Esto es asumir la dificultad y buscar la solución que desde el aspecto de la disciplina reafirma las relaciones especiales de los lados y desde la formación del potencial humano le muestra al estudiante que tiene capacidad de "inventar" formas de hacer el trabajo.

Si el estudiante calca el triángulo representado, reconoce que no puede dibujarlo como es, pero ve la importancia de la situación, entiende que las relaciones entre los lados son fundamentales en la gráfica.

Se puede observar que los triángulos son semejantes porque los lados que los forman son iguales. No se establece proporcionalidad entre sus lados sino que se hace uso del concepto de "parecido". Sin lugar a dudas son semejantes en el concepto matemático pero en este nivel creemos que estamos dando aproximaciones a la relación de semejanza entre triángulos.

Podemos ahora darles el nombre de *triángulos equiláteros* a las figuras construidas. Es recomendable hacer la claridad del nombre: equi: igual, latero: lado.

Se necesita orientar a los estudiantes para que observen diferentes posibilidades, construcciones de diferente forma: aprender a ver desde diferentes puntos ya que el objetivo es que construya la idea de triángulo y no que lo reconozca simplemente en una situación. Aquí se puede recalcar el nivel de reconocimiento del que habla el modelo de razonamiento de Vann Hiele.

Como refuerzo conviene construir el triángulo a través de otra estrategia, como es el plegado. Veamos una forma de hacerlo.

Doble una hoja por la mitad en forma vertical y refuerce el doblez de la mitad hacia uno de sus extremos.

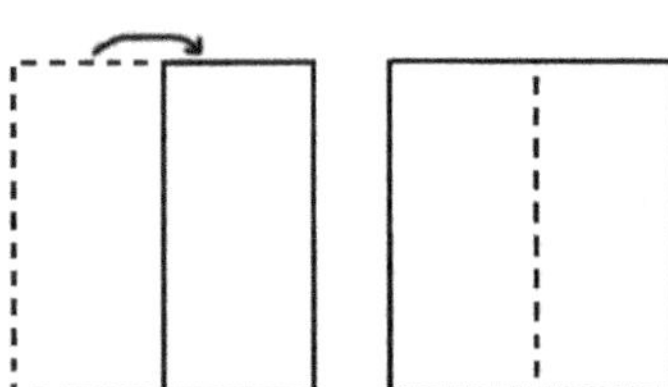

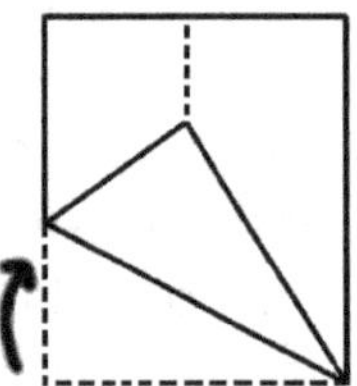

Abra la hoja y haga coincidir uno de los vértices o puntas inferiores de la hoja con la huella del doblez, de manera que el otro vértice sirva de apoyo.

Marque el punto donde coinciden el vértice con el doblez inicial.

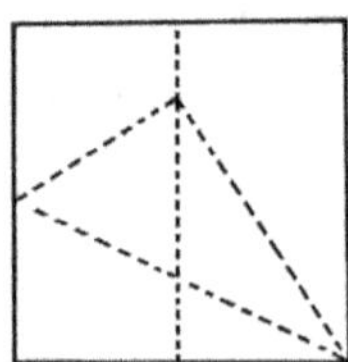

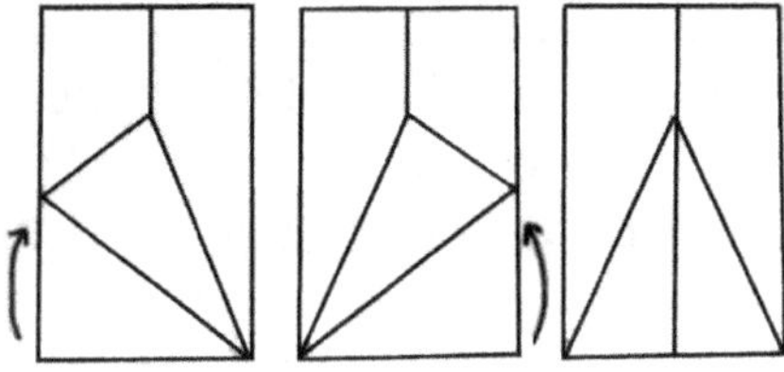

Una el punto marcado con cada uno de los vértices inferiores.

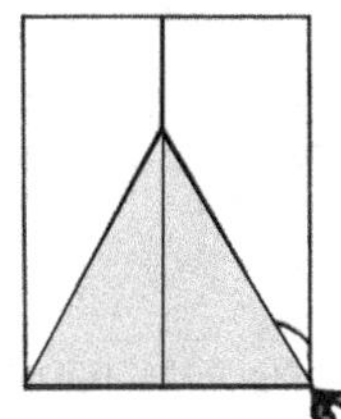

Recorte el triángulo equilátero obtenido.

Es bueno que el estudiante pueda comprobar que es un triángulo equilátero midiendo los lados para afirmar la congruencia. Recordemos que una de las tareas del docente de matemáticas es llevar a vivir las verdades de la disciplina al estudiante en todas sus formas. Por esta razón se debe llevar al estudiante a confiar en el desarrollo matemático. Esto es, formar en el desarrollo de pensamiento matemático.

Actividad 4

Organice grupos de tres palitos de manera que en cada uno la longitud de sólo dos de ellos sea igual. Se pide construir un triángulo con cada grupo y se hacen las observaciones pertinentes de la misma forma que en la actividad anterior. Se dibujan en el cuaderno las diferentes construcciones.

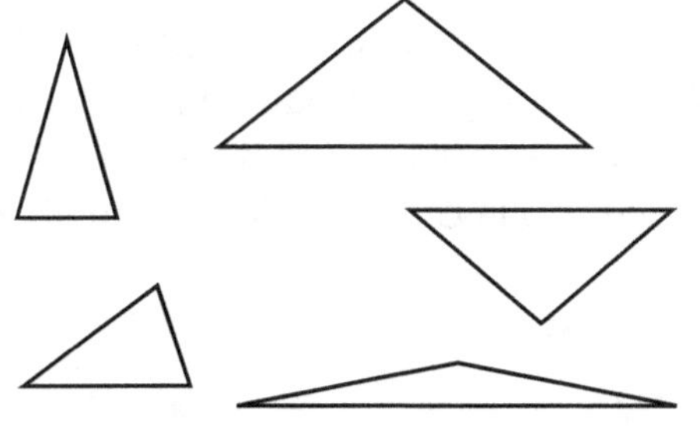

El trabajo con material concreto busca que el estudiante pueda ver una mayor gama de figuras que cuando se trabaja con un solo dibujo.

Dibujar en el cuaderno "todos" los triángulos que ellos logran realizar amplía la concepción de este tipo de triángulos, puesto que obliga a fijar la atención sobre los detalles que hasta el momento para el estudiante no son relevantes: la longitud de los lados, la abertura que ellos forman. Téngase en cuenta que hasta aquí no hemos hablado de ángulos.

Hacemos notar la modificación en el triángulo en la colocación de lados de igual longitud, cuando varía un lado: "el diferente". De nuevo aparece la abertura entre dos lados, el ángulo, pero no de forma explícita sino como "algo" que se va haciendo presente cuando hago modificaciones.

La escritura sobre las observaciones es básica tanto en la notación como en la redacción de oraciones con un claro sentido para los estudiantes.

Construyen proposiciones como: "algunos de los triángulos que tienen dos lados iguales son parecidos", "cuando se cambia el lado diferente de estos triángulos de pequeño a grande, los lados iguales se abren más".

El docente apoya la construcción de triángulos que tengan dos lados iguales.
Se pide hablar de la diferencia obtenida por la variación del tercer lado.

De nuevo se expresa por escrito las observaciones con estricto sentido matemático. Si los lados iguales no se cambian, cuando se varía el tercer lado, los lados iguales se abren o cierran según la modificación en cuanto a la longitud del tercer lado.

Este tipo de observaciones nos dará el camino para hablar de ángulos, de que la semejanza no sólo la define la igualdad de los lados sino que influyen otros aspectos: si comparamos dos triángulos isósceles, uno rectángulo[27] y otro obtusángulo, los niños ven fácilmente que no son "parecidos", sabemos bien que los ángulos juegan un papel importante, nosotros tomamos el papel de ayudar a resaltar estos detalles que forman la *geometría descriptiva*, y se va viendo la oportunidad de analizar el papel de los ángulos.

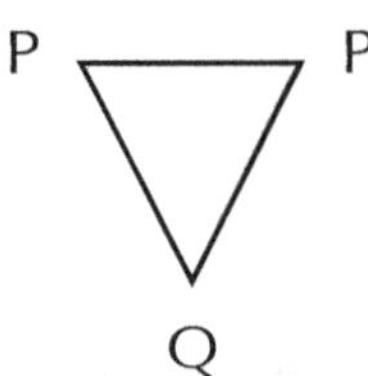

---

27   Hasta el momento no ha sido estudiado el triángulo rectángulo pero podemos verlo como isósceles.

Los convenios universales en notación se deben ir introduciendo.
_ ; no necesariamente congruente con

Es recomendable para situaciones posteriores hablar sobre:

Si se pide que tenga dos lados iguales, no se niega que los tres puedan ser iguales. Este tipo de razonamiento es del pensamiento lógico.

Se pueden hacer los paquetes de palitos, construir los triángulos y se hace la observación detenida de la situación. Este es un aspecto de pensamiento lógico, las conclusiones apuntan a las relaciones de contenencia, si denominamos E el conjunto de triángulos equiláteros y B los triángulos isósceles.

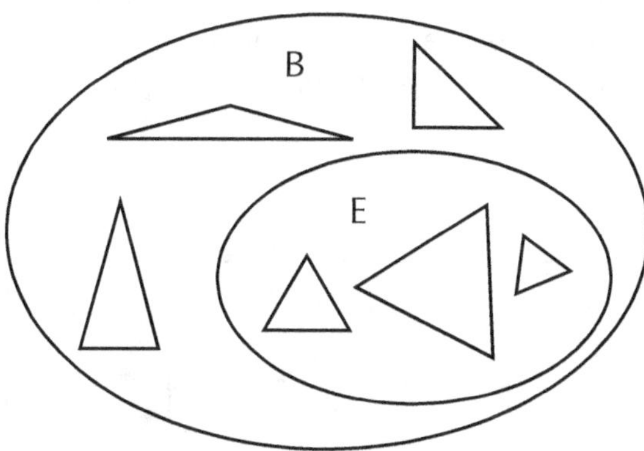

Si bien los estudiantes de grado sexto no llegan solos a establecer la relación en lenguaje común y menos en lenguaje formal, sí se puede trabajar a nivel gráfico aportado por el docente.

Actividad 5

Se toman tres palitos de diferente longitud. Se pide armar el triángulo. Se pide construir otros triángulos bajo las mismas condiciones. De nuevo fijamos la atención sobre los diferentes tipos de triángulos que se nos pueden presentar.

Tenemos aquí los triángulos escalenos, porque todos sus lados son diferentes. Se apoya la construcción del gráfico respectivo.

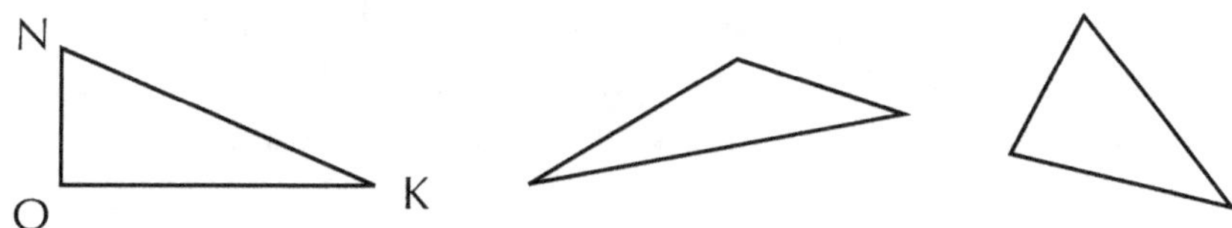

Se puede pasar a la descripción simbólica

$$\overline{NO} \neq \overline{OK}$$
$$\overline{NO} \neq \overline{NK}$$
$$\overline{OK} \neq \overline{NK}$$

Esto es lo nuevo para el estudiante de este grado, pero vale la pena para su formación. Recordemos que pensar en conceptos es pensar en símbolos.

Actividad 6

Una vez hecha una primera clasificación de los triángulos basada en la relación de igualdad de la longitud de los lados, podemos presentar un resumen. La invitación a mirar detalladamente, es una estrategia para conocer, para ampliar la competencia comunicativa, es enseñar a categorizar. Herramienta fundamental en el desarrollo del potencial humano.

Cómo son los lados	Ejemplos de triángulos	Nombre
Los tres lados son iguales		Escaleno
Sólo hay dos lados iguales		Equilátero
No hay dos lados iguales		Isósceles

No es sólo el gráfico o el nombre, es enseñar a construir diagramas, que represente la totalidad de un problema y sus partes. Cuando los estudiantes de sexto grado llenan una tabla de éstas, la idea de ellos es poner más de una figura, porque no han adquirido aún la capacidad de ver con un triángulo escaleno a los de esta clase, se sienten más seguros mostrando más de un elemento de ella. No hace daño el que lo haga, buscamos que para él sea válido el hablar de una clase con un buen ejemplar.

Acerca de la construcción

La escuela tiene la responsabilidad de llevar al estudiante a ver los objetos de forma muy particular. La vivencia que se da a los teoremas permite que el individuo convierta el conocimiento escolar en un saber que le lleva a disfrutar el mundo cotidiano.

Teorema: la suma de dos cualesquiera de los lados de un triángulo es mayor que el tercer lado.

Se requiere mirar el problema bajo el aspecto que se ha hecho la clasificación, de acuerdo a los lados del triángulo.

Las preguntas están encaminadas a crear las condiciones para enunciar el teorema fundamental de la construcción de triángulos. Es bueno hacer énfasis en el uso adecuado del cuantificador.

Actividad 7

a.   *¿Siempre puedo construir un triángulo con dos segmentos de igual longitud y el otro diferente?*

Los estudiantes rápidamente buscan el grupo de palitos que les permita realizar la construcción, sin embargo el interés es mostrar los casos en que no se cumple. Se puede dejar que armen el triángulo deseado por ellos, pero se busca la situación de dos palitos de igual longitud pero más cortos que el tercero. Se invita a hacer la construcción bajo este requisito.

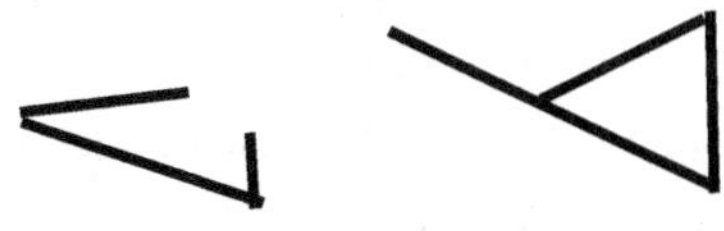

Los niños generalmente responden: "No se puede armar el triángulo porque no se puede cerrar", "les hace falta un poquito", o bien corren los palitos de menor longitud.

Para los estudiantes es primordial la construcción, no tanto el por qué no se puede construir, y es por esto que terminan alterando la longitud del tercer lado.

Podemos cambiar la expresión siempre por "algunas veces puedo armar un triángulo con dos lados iguales y un tercero diferente". Pedimos las razones por las cuales sucede esto. Es recomendable registrar estas situaciones.

Cabe aquí una pregunta: ¿qué se exige a los tres segmentos para poder armar el triángulo?

Terminamos viendo que sólo en algunos casos se puede construir.

No basta el argumento de que "les falta un poquito", es importante mostrar con otros ejemplos que hagan los estudiantes que:

Hay que plantear la suma de segmentos: graficar y nominar cada segmento.

A _______ B D _ _ _ C
B _____________ C

Es necesario desarrollar una forma de escribir más formal:

$$\overline{AB} + \overline{CD} \angle \overline{BC}$$

Sin embargo esto no tiene la fuerza suficiente porque podría organizarse una suma así:

$\overline{AB} + \overline{CD} \angle \overline{BC}$ entonces, no basta con decir, que la suma de dos de sus lados debe ser mayor que el tercer lado, porque ellos pueden mostrar una aparente contradicción, en esto ha de darse la mayor claridad. Se requiere verificar las tres posibles sumas en forma objetal y gráfica para poder concluir el teorema fundamental de la construcción de triángulos:

b.   Preguntamos: *¿Siempre que se tiene tres segmentos de diferente longitud se puede armar un triángulo?*

Las dificultades y los logros anteriores surgen de nuevo aquí, pero también, la forma de argumentar es igual. Las conclusiones tienen los mismos niveles de representación.

c.   Preguntamos: *¿Siempre es posible construir un triángulo con tres segmentos iguales?.*

Pedimos mirar el problema con diferentes paquetes de tres palitos de igual longitud. Siempre que tenemos tres segmentos de igual longitud se puede armar un triángulo.

Que sea esta la última actividad es por la facilidad de la respuesta, porque además se puede presentar la argumentación más potente de parte de los estudiantes: "la suma de dos segmentos iguales siempre es mayor que uno solo de ellos".

Se espera llegar a construcciones de la forma:

Con una línea poligonal de tres lados, se puede armar un triángulo si y solo si la suma de dos cualesquiera de sus lados es mayor que el tercer lado.

Para el docente es importante tener en cuenta que la actividad se hace para que el estudiante se sienta seguro de las afirmaciones hechas en clase de Matemáticas. Que vea cada uno de los temas a tratar, aunque sean abstractos si tienen una fuente real. No son fantasía, por lo tanto los puede cuestionar, no son verdades en si. Sin embargo, no podemos esperar que no lo olvide, por ello nos vamos a encontrar con la necesidad del repaso pero no de la indiferencia del tipo de dificultad que se presenta al asumir un teorema de aparente simplicidad.

Actividad 8

Seleccione paquetes de palitos con las siguientes características:

Paquete A	Paquete B	Paquete C

En el paquete A, se dan dos segmentos grandes de igual longitud y un tercero más pequeño. En el paquete B hay dos segmentos iguales muy pequeños y un tercero relativamente grande. En el paquete C, también hay dos pequeños de igual longitud, y un tercero grande.

Pedimos con cada paquete construir un triángulo. Analizamos una a una las situaciones que se nos presentan, llegando a conclusiones como:

Con el paquete A se puede armar un triángulo, aún cambiando el lado pequeño por uno más pequeño o uno un poco más grande, siempre y cuando no exceda a la suma de las longitudes de los que son iguales. Con los paquetes B y C no se puede cerrar la figura.

Entonces se fija la atención en las características que tienen los elementos de cada paquete. Se pide comparar en cada paquete la suma de la medida de los palitos iguales con el de diferente medida, y las otras combinaciones. Se puede apoyar en la expresión tanto numérica como apreciativa.

Téngase en cuenta el papel que juega las matemáticas escolares: organizar las posibilidades, hablar de ellas. Estos son algunos de los aspectos que apoyan el desarrollo del pensamiento matemático, como se planteó al comienzo de este documento.

Otro nivel del ejercicio puede ser, sin presentar el gráfico, sólo dando la longitud de algunos segmentos, por ejemplo: 12.5 cm; 23.8cm; 15.4cm; 7.6cm, para determinar con cuáles segmentos se pueden armar triángulos.

Si se sigue la línea de trabajo que se ha planteado en este documento, no debe bastar decir cuándo puedo armar el triángulo sino por qué. Las formas en que se va argumentando muestra el nivel de formalidad adquirido. No puede esperar que comenzando el tema, en grado sexto, se llegue a la rigurosidad por más que se haga con valores muy particulares.[28]

La argumentación siguiente, sin ser abstracta, sí es rigurosa. Es factible de realizar en los grados sexto y séptimo. Entendiendo la realización como un trabajo liderado por el docente.

a.   12.5 cm +23.8cm = 26.3 cm
        26.3 cm > 15.4 cm

b.   23.8 cm +15.4 cm = 39.2 cm
        39.2 cm > 12.5 cm

c.   12.5 cm + 15.4 cm = 27.9 cm
        27.9 cm > 23.8 cm

Entonces con segmentos de 23.8 cm, 12.5 cm, 15.4 cm se puede armar un triángulo.

Si tenemos en cuenta que lo que se busca es el desarrollo del pensamiento matemático, es recomendable buscar comparaciones simples, y contundentes.

De las actividades anteriores se puede llegar a construir un resumen del siguiente tipo:

Los tres segmentos son de diferente longitud.	Los tres segmentos son de igual longitud.	Sólo dos de los segmentos son de igual longitud.
Algunas veces con segmentos diferentes se puede armar un triángulo.	Todas las veces que se tiene tres segmentos de igual longitud se arma un triángulo.	Algunas veces con dos segmentos iguales se puede armar un triángulo.

---

28   R. DAVAL y G. T. Guilbaud. *El razonamiento matemático*. París, PUF 1945, pág. 18.

La temática sobre triángulos se deja hasta aquí. Podríamos pensar en clasificación de los triángulos basados en los ángulos, pero sin haber hecho un trabajo sobre estos no le vemos sentido.

De igual forma se piensa sobre las líneas notables del triángulo.

Capítulo 8

Ángulos en líneas poligonales

Los ángulos como elemento geométrico han estado presentes en varias actividades anteriores; esto no significa que para el estudiante sea un objeto de estudio.[29] Deben existir, saber en donde viven, y tener una vida estable para el individuo. El rol del docente o de la escuela, es crear las situaciones para que esos elementos que están ahí se conviertan en elementos que ameriten la atención de los estudiantes.

La simplicidad del concepto de ángulo hace que para el estudiante no tenga importancia. El que esto sea así se hace evidente cuando dibujan o "copian" un ángulo. Todos son agudos y en posición canónica. Ya sabemos del fracaso en el desarrollo de las temáticas que le siguen. Centramos nuestro trabajo en algo que para el estudiante ya tiene significado: el triángulo.

Actividad I

Se propone a los estudiantes trabajar en grupo, tomar una pareja de palitos de igual longitud, un tercer palito que lo vamos a hacer variar de longitud, de menor a mayor para poder formar diferentes triángulos.

Se espera que el trabajo en grupo permita reunir un mayor número de elementos y crear el ambiente de discusión sobre los cambios significativos.

Una vez que estén hechas las construcciones pedidas, se solicita hablar de ellas.

---

29   Ídem 9.

Las observaciones que hacen los estudiantes son de la forma:

"Los otros lados se separan".
"El triángulo se va aplastando, va quedando como más abierto".
"Los triángulos, por mas que tengan dos de sus lados iguales, y el tercero diferente, no son iguales".

Una observación de este tipo permite analizar cómo la igualdad no está definida por la igualdad en la longitud de dos de los lados, y lo que hacemos es plantear la discusión: ¿qué hay de diferente y de igual entre dos de los triángulos construidos?

Si no aparece la expresión de ángulo o abertura podemos hacer caer en cuenta a los niños de su existencia.

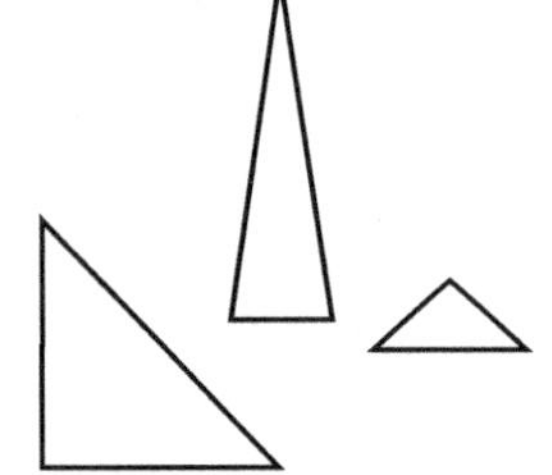

Semejanzas	Diferencias
Tienen dos lados iguales en los dos triángulos. Los vértices son iguales. Las dos gráficas son triángulos.	Uno es más alto que el otro. Tienen un lado de diferente longitud. Cuando uno está más aplanado que el otro, los lados iguales están más separados en uno de sus extremos.

Para los estudiantes de los grados sexto y séptimo la palabra "ángulo" no es un término que ellos usan a diario. El ángulo que ellos han vivido en situaciones que le son cercanas lo nombran como esquina, y los vértices los llaman puntas. Volvemos con la observación de no prohibir las palabras de lenguaje común pero hacemos énfasis en el término ángulo.

Las aberturas referidas por los estudiantes son los ángulos internos. No es conveniente forzar la situación para mirar los ángulos externos. De todas formas aquí se ha dado un salto que nos lleva a estudios más detenidos del triángulo y del mismo ángulo. La actividad permite repasar y ampliar la definición de triángulo. Los elementos que toman parte son: los lados, los vértices y los ángulos.

En uno de los triángulos construido por los estudiantes señalar un ángulo interno. Se escribe ángulo SPQ: simbolizándolo $\angle SPQ$, donde la letra del centro corresponde al vértice de este ángulo.

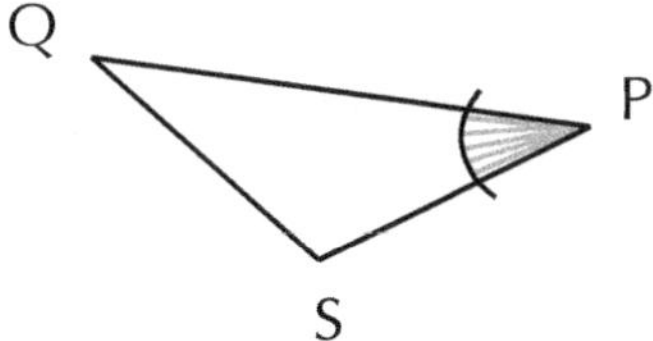

Se puede ampliar las diferentes formas de nominar los ángulos usando las otras construcciones que se registraron. La descripción de un triángulo se va completando. Tiene tres lados, que son segmentos; tres vértices, que son los puntos en común de dos lados; tres aberturas que corresponden a tres ángulos internos.

Actividad 2

Sobre una hoja ubique uno de los triángulos construido en la primera parte de la actividad anterior. Marque los vértices, retire los palitos y marque con un color fuerte el lugar donde estaban para obtener un triángulo isósceles haciendo énfasis en los lados que son de igual medida, luego se dobla el papel, haciendo coincidir los lados de igual longitud. Se pide que escriban las observaciones.

Los ángulos adyacentes al lado de longitud diferente son iguales en su abertura. Téngase en cuenta que los elementos del ángulo, los lados, son iguales.

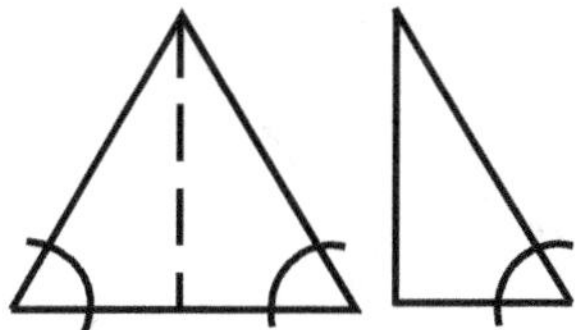

Más adelante se llega a observar la igualdad de ángulos sin que importe la longitud de los lados. Se recuerda que el estudiante fija su atención sobre un solo aspecto. Se opta por lograr que el grupo concluya que un triángulo isósceles tiene dos ángulos con igual abertura.

Se puede concluir: *en todo triángulo isósceles los ángulos que se oponen a los lados iguales tienen la misma abertura.* El otro teorema que podemos constatar es que los dos triángulos que se forman al hacer el doblez son congruentes.

Uno de los factores que más preocupa al docente, es que el estudiante olvide la actividad realizada. Se pueden crear condiciones para que el estudiante presente, cuantas veces lo desee, el análisis de lo hecho en clase, y para ello se hace el registro de las diferentes actividades[30]. Puesto que los sistemas de escritura y los gráficos proporcionan los conceptos y categorías para pensar la estructura de las acciones hechas, esto proporciona un modelo de comunicación y de pensamiento.

Se sugiere calcar el triángulo que ellos libremente han escogido, nominar sus vértices e identificar con color los lados que son iguales, luego pegar el mismo triángulo en su registro de tal forma que sólo quede fijo en una parte de este, puede ser uno de los lados iguales, así se tiene la oportunidad de revisar muchas veces lo que fue la actividad.

Se puede afirmar que a los triángulos que tienen la característica de tener solamente dos lados de igual medida se les llama isósceles.

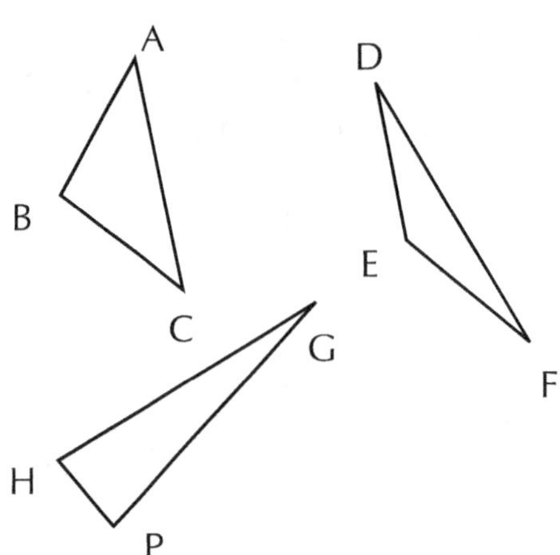

La conclusión a la que se ha llegado es usada constantemente en resolución de problemas tanto de matemáticas como de física. Por lo tanto, asegurarse de que no es un simple capricho de la clase de matemáticas sino que realmente sucede, es bien importante para la credibilidad de lo que se va a estudiar.

Algo importante es hablar de la gráfica, y aprovechando la situación, se puede decir que:

$\triangle$ ABC es isósceles porque $\overline{AB} \equiv \overline{BC}$ además: <BAC $\equiv$ <ACB

De igual manera trabajamos los otros triángulos. Recuerde, leer y escribir en Geometría es aportar en la competencia comunicativa para llevar a pensar conceptualmente.

---

30   OLSON, David. *El mundo sobre el papel.* Editorial GEDISA. Pág. 91.

Es recomendable que aparezcan las situaciones más diversas, con el propósito de acentuar la conclusión. La razón de ser del material concreto es ésta.

Actividad 3

Empleando un paquete de tres palitos de igual longitud, pegue en una hoja el triángulo que pueda construir con ellos.[31]

Por parejas superponen las hojas para hacer coincidir un vértice y los lados de uno de los ángulos de cada triángulo.

Hay situaciones en las cuales los triángulos que se comparan son de diferente tamaño[RGR2] y sin embargo se puede hacer coincidir un lado y un vértice, entonces se llega a observar que parte del otro lado coincide. Las aberturas creadas por los dos lados son iguales aunque la longitud de estos no lo sea. De igual forma se hace con los otros vértices y lados.

Esta actividad permite ir acercándonos al entendimiento de que la longitud de los lados de un ángulo es independiente de su abertura. Los triángulos con que los estudiantes están trabajando tienen lados de diferente longitud, aunque entre ellos sean iguales, sin embargo, sin importar el orden en que se comparen los ángulos tienen la misma abertura.

Se intercambian los trabajos para reafirmar la observación y poder concluir que *los ángulos interiores de un triángulo con lados de igual longitud son iguales*. La otra conclusión puede ser: *la abertura de los ángulos de todo triángulo equilátero es igual*. A los triángulos que cumplen estas características se les llama EQUILÁTEROS, por tener los lados iguales y EQUIÁNGULOS por tener los ángulos iguales.

Es necesario hacer énfasis en la escritura de la observación. No es lo mismo que las cosas se resuman en una frase a discriminar uno a uno los elementos y definir la relación entre estos. Las dos situaciones tienen validez, pero una sola deja pobre la descripción de los hechos.[32] No se

---

31   Situaciones como ésta permiten retomar actividades anteriores para preguntar si es posible construir un triángulo siempre que se tomen tres palitos de igual longitud.

32   BRUNER, Jerome. *Realidad y mundos posibles.*

puede esperar que el niño tome la iniciativa para realizar la descripción, el maestro ayuda a cambiar los señalamientos por una escritura coherente desde la Matemática, desde el lenguaje común. La Geometría Euclidiana hasta sexto grado está en la descripción.

En el registro se puede realizar algo parecido a la actividad anterior, construyendo y cortando los triángulos en un papel auxiliar para luego pegarlos en el cuaderno, solo que en este caso se pide construir dos triángulos equiláteros de diferente tamaño, y también pegar los triángulos, uno sobre otro, dejando constancia tangible de lo alcanzado. Este tipo de registro le permite hacer uso de un recuerdo más cercano a la acción, sin olvidar la rigurosidad y veracidad de lo escrito[33].

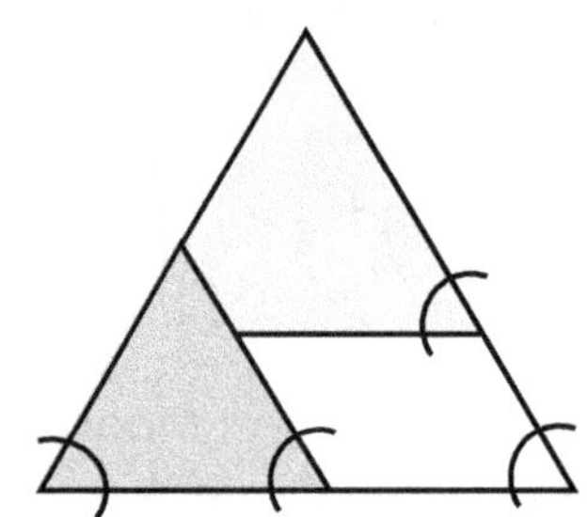

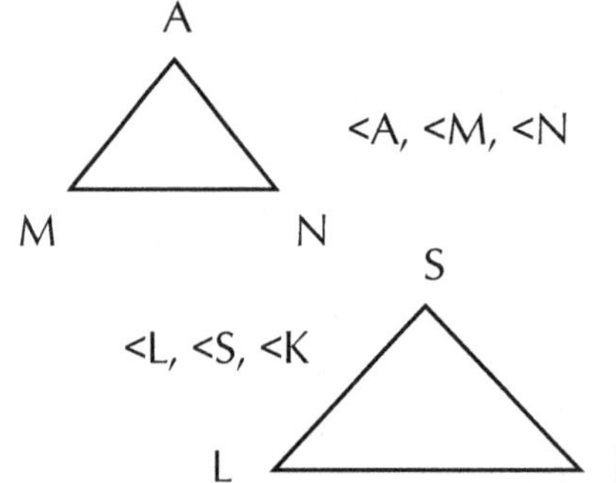

Por ello es recomendable calcar dos de los triángulos en el cuaderno, colocarles nombre y hablar de los elementos y sus relaciones.

La Geometría Euclidiana, en este momento del trabajo es descriptiva, es una disciplina de relaciones y se requiere ser muy claro en estos detalles que marcan los avances que se pueden hacer.

Además: <A., <L, entonces $\equiv \angle N \equiv \angle K, o \angle M \equiv \angle S$, o en otro orden.

Otra forma de hacer el registro es calcando el triángulo equilátero dos veces, ojalá se pudiera hacer en distinta posición, pero sin cambiar su tamaño ni sus características. Se hace un tercer triángulo en una hoja

---

33   RUSSELL, Bertrand. *Los principios de la matemática*. Espasa - Calpe. España.1983.

aparte. En cada uno de los triángulos se recomienda colorear cada ángulo de un color, pero conservándolo en los tres triángulos.

Se hace la nominación respectiva en los triángulos que están en el cuaderno. Se recorta el triángulo que está en el papel extra y se doblan de tal forma que los tres ángulos queden superpuestos. Luego se pega en el cuaderno de tal forma que uno de los ángulos del triángulo doblado coincida con un ángulo del segundo triángulo. Esto permite que el estudiante lo desdoble cuantas veces lo desee, que se maraville y convenza de la observación hecha respecto a la igualdad de los ángulos de un triángulo equilátero. Se establece la relación de igualdad entre los ángulos.

Actividad 4

De la misma forma se trabaja con triángulos que tienen todos sus lados de diferente longitud. Se puede buscar con los estudiantes una conclusión más fuerte: la *abertura de los ángulos de un triángulo, tiene una relación directa con la longitud de los lados.* La construcción de los triángulos con los palitos nos da una gama amplia para constatar el enunciado.

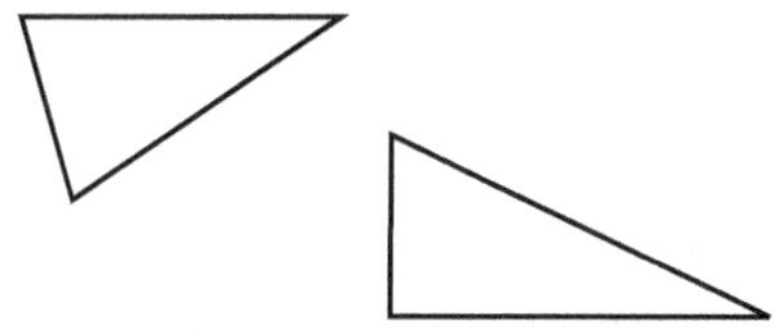

Si el ángulo es de mayor abertura, el lado opuesto, o que se encuentra al frente de él, tiene la mayor longitud.

Esto nos va preparando para la geometría deductiva, en temas específicos como semejanza de triángulos y para Trigonometría facilita la compresión de los problemas relacionados con la solución de triángulos.

Una aproximación a la medida

Ahora que el ángulo existe en la visión del estudiante, se pasa a una aproximación de la medida. Aún no se ha definido formalmente lo que es un ángulo. Se han realizado actividades encaminadas a mostrar la existencia. Se aborda enseguida un teorema básico de ángulos para un triángulo que nos llevará a convertir el ángulo en objeto de estudio.

Teorema: La suma de los ángulos interiores de un triángulo es igual a media vuelta.

Actividad 5

Se invita a dibujar en el piso del salón o del patio del colegio diferentes triángulos. A esta altura la representación de un triángulo tiene muchas formas. Hay triángulos equiláteros, isósceles, escalenos. Pasamos a recorrer los lados que forman los triángulos.

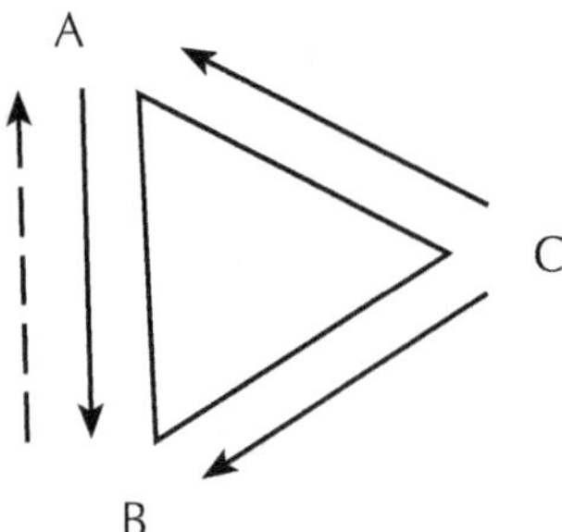

1. Se ubica el talón del estudiante en el punto A, mirando hacia el punto B, y un punto de referencia en él. Se pide que camine sobre el lado $\overline{AB}$, hasta llegar al punto B. Se busca que la punta del zapato quede en B. Se barre el ángulo de tal forma que el pie quede ubicado sobre el lado $\overline{BC}$. La punta sigue en el vértice B del triángulo, el talón es el que cambia de lado. El estudiante se desplaza sobre él. Lo hace de espaldas, hasta llegar al punto C. El talón debe quedar en este punto.

2. Aquí, gira apoyándose en su talón, hasta ubicar el pie sobre el lado $\overline{CA}$. Se desplaza sobre él hasta que la punta del pie llegue al punto A. Ahora gira apoyándose en la punta del pie, hasta que quede sobre el lado $\overline{AB}$.

La flecha indica cómo va quedando la mirada de la persona. En el último giro la mirada queda en sentido opuesto a la posición inicial. Se ha girado media vuelta.[34]

Hasta este momento, la suma de los ángulos internos de un triángulo equivale a media vuelta. Aún el ángulo está pegado a otro objeto: el triángulo. Se necesita que para el estudiante exista el ángulo fuera de este tipo de gráfico, pero hacerlo de esta forma, es llevarlo a imaginar el ángulo no sobre el objeto (el triángulo) sino como giro.

Se recomienda hacer esta acción en varios triángulos y su registro tanto en forma gráfica como escrita. En el gráfico podemos marcar los arcos de los ángulos indicando el "barrido" que se hace.

Sin embargo, no basta que se hagan recorridos en varios triángulos. Pasamos a otro nivel de representación, el gráfico, en donde no es el cuerpo del sujeto el que vive la acción, sino un papel que es manipulado por el sujeto.

Actividad 6

Los invitamos a construir un triángulo cualquiera en un pedazo de papel, para recortar. Se recomienda que se trabaje con un pedazo de papel un poco grande.

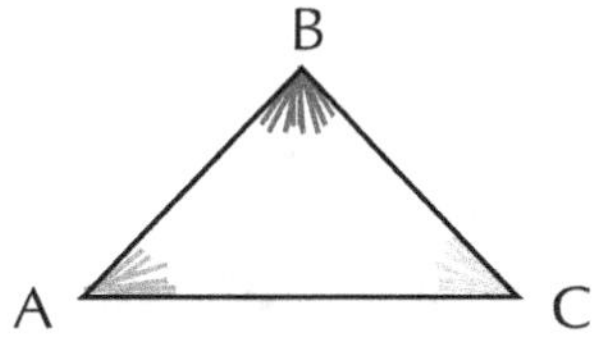

1- Marquemos los ángulos de diferente color. El triángulo cortado lo calcamos en el cuaderno, nos sirve de punto de referencia.

2- Llevemos el vértice b, por ejemplo, sobre el lado AC, pero teniendo cuidado de que la parte donde doblemos quede paralela a este último lado.

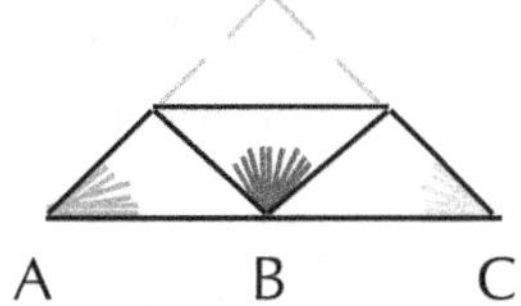

---

34   VASCO, Carlos. *Nuevo enfoque para la didáctica de las matemáticas.* Volumen II, 1974. Colombia. Editorial JOTAMAL LTDA.

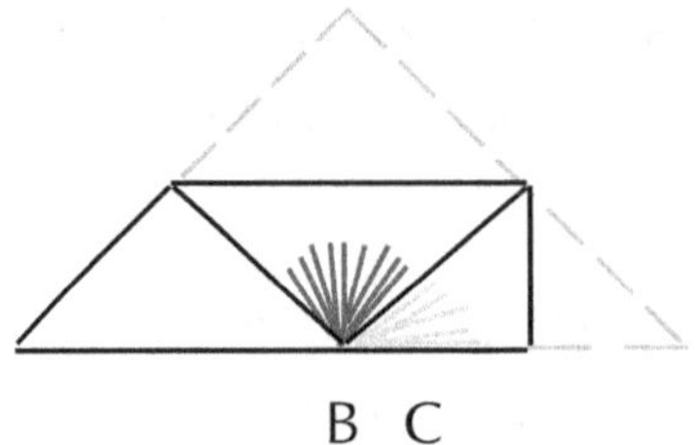

3- Luego tomamos el vértice C y lo llevamos a donde quedó el vértice B, cuidando que los lados hayan quedado juntos. De la misma forma lo hacemos con el vértice A.

4- Terminado esto, podemos tener que la suma de los tres ángulos nos da media vuelta. Lo pegamos por la base del trapecio que nos queda. Esto es una muestra tangible, perdu-

Se puede repetir la tarea con otros triángulos como los obtusos. Esta transformación de la gráfica permite tomar conciencia del objeto de estudio, sin el sujeto, en este caso el triángulo, que lo permite ver en primera instancia. De nuevo los registros toman importancia porque posibilita la revisión de la actividad completa cuantas veces se quiera y les da pautas para contrastar el trabajo consignado y los avances que se van adquiriendo.

Observación: al realizar esta actividad con triángulos rectángulos y obtusángulos no es fácil hacer los dobleces pertinentes y se hace necesario romper las fichas para comprobarlo.

Actividad 7

La razón del trabajo escolar es mostrar un buen número de formas, que permitan constatar lo aclarado. Por ello invitamos a construir cuadriláteros sobre el piso y realizamos un recorrido similar al hecho con el triángulo. Los giros deben ser efectuados en el sentido del movimiento de las manecillas del reloj. Se elabora el registro respectivo.

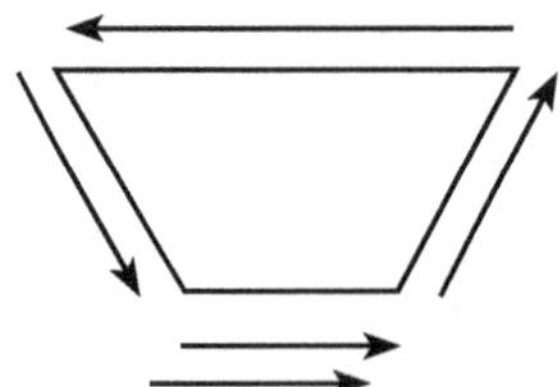

Partimos, por ejemplo, del punto A mirando hacia el punto B, y caminando sobre el lado $\overline{AB}$.

Cuando la punta del pie llega a B giramos sobre ella hasta colocarnos en el lado . $\overline{AB}$

Caminamos de espalda sobre este lado hasta que el talón alcance el punto C.

En este punto el talón gira haciendo centro en C hasta que la punta del pie quede sobre el lado $\overline{CD}$.

Caminamos en el sentido de nuestra visión sobre este lado hasta que lleguemos a D.

Allí, de nuevo haciendo centro en D y apoyando la punta, giramos hasta que el talón quede sobre $\overline{AD}$. Caminamos de espalda hasta llegar al punto A.

Cuando esté el talón en A, giramos sobre él hasta encontrar el lado AB, barriendo cada uno de los ángulos internos del cuadrilátero. Terminamos mirando para el mismo lugar que cuando comenzamos. Por ello podemos decir que hemos girado una vuelta completa.

Capítulo 9

Ángulos

Creemos que estamos preparados para trabajar el ángulo sin depender de una línea poligonal. El elemento que se vio pegado a una gráfica es necesario que se convierta en una gráfica en sí mismo.

Actividad # 1

Teniendo una ficha con forma de cuadrilátero se recomienda resaltar las regiones angulares. Se calca la ficha en el cuaderno. Recortarlo en cuatro partes que están determinadas por los cuatro ángulos. Se pide ubicar los vértices en un solo punto, y cada ángulo, uno detrás del otro comprobando que "forman" una vuelta.

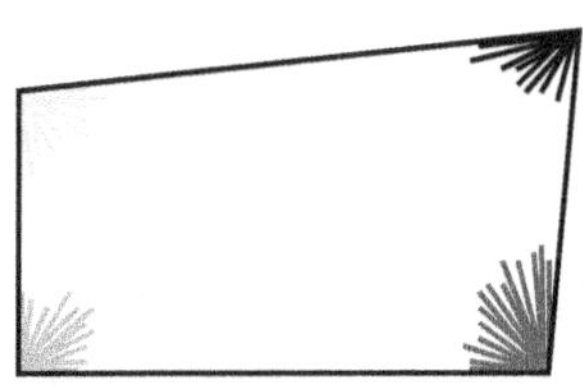
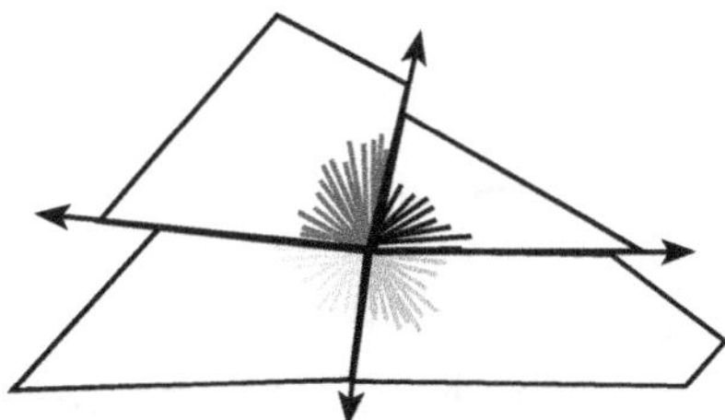

Lo hecho en la actividad 6 la retomamos para repetir la acción anterior y comprobar las características de los cuadriláteros regulares y sus relaciones angulares. Obsérvese el cambio drástico en la forma de ver los ángulos del cuadrilátero, es decir se observan en la ficha y luego se observan en una región donde no existe el cuadrilátero, pero los elementos que lo forman permiten detectar otras relaciones que no se sospechaban.

No podemos doblar el cuadrilátero para obtener la vuelta completa. Hacer el montaje con los ángulos es bastante dispendioso pero sin lugar a dudas necesario.

Actividad # 2

Se pasa a trabajar en el gráfico. Se invita a construir una ficha triangular en un pedazo de papel y se recorta, se calca en el cuaderno marcando las regiones angulares en color diferente, tanto en la ficha triangular construida como en el gráfico que hace el estudiante en su cuaderno.

Se hace dos cortes que permitan independizar los tres ángulos. Pasamos a calcarlos uno a uno, colocándolos de tal manera que coincidan sus vértices y un lado de uno de los ángulos seguido de un lado de otro ángulo.

Esta actividad para el docente puede no tener problema, sin embargo, llevar a calcar los ángulos hace énfasis en los elementos de este para el estudiante. Lo primero que piensan y cuesta aceptar es que bastan dos cortes para tener las tres regiones angulares. El nivel para calcar los ángulos es grande pero no se debe aplazar. Generalmente cuando se hace esto con diferente tipo de triángulos, los niños no calcan sino que dibujan el mismo gráfico para todos. Se da porque aún para el niño no hay diferenciación visual de los ángulos. El ejercicio apunta precisamente a fijar la atención sobre este aspecto.

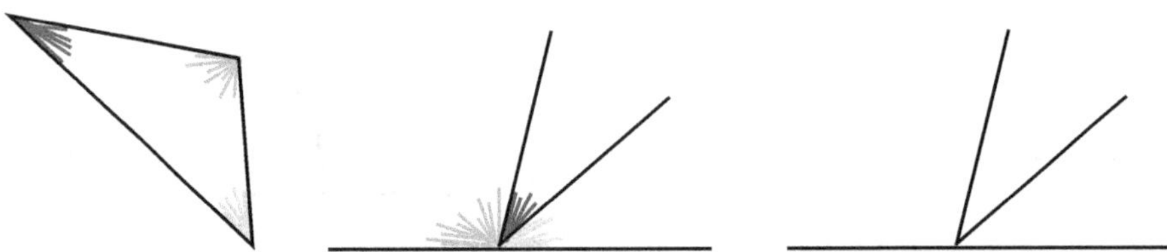

Recordemos que la autoridad que determina la verdad del conocimiento no es el docente sino la realidad misma, por ello pegamos los pedazos que nos sirvieron para calcar el gráfico, es ahí donde se valida el trabajo que ha hecho el estudiante. La diferencia entre el pensamiento oriental y el pensamiento griego está en que al primero le importa persuadir y al segundo convencer. La Geometría pretende a cada instante demostrarle al estudiante que lo concluido en matemáticas es innegable, porque la verdad de los hechos se impone. Un problema que se presenta en los estudiantes de once o doce años es querer ver las gráficas cerradas, los pedazos que contienen los ángulos los quieren calcar también. La ultima forma de presentar en el gráfico anterior les cuesta hacerlo por iniciativa propia.

La tarea es ardua para el docente porque está llevando a ver:
1. El ángulo sin triángulo.
2. Los ángulos no son iguales.
3. En el ángulo lo que cuenta es la abertura y no la longitud de los lados.

Actividad # 3

Se invita a realizar construcciones similares con cuadriláteros incluyendo los cóncavos porque es posible reconocer ángulos convexos que por lo general son olvidados por los estudiantes y que no son relacionados en los textos.

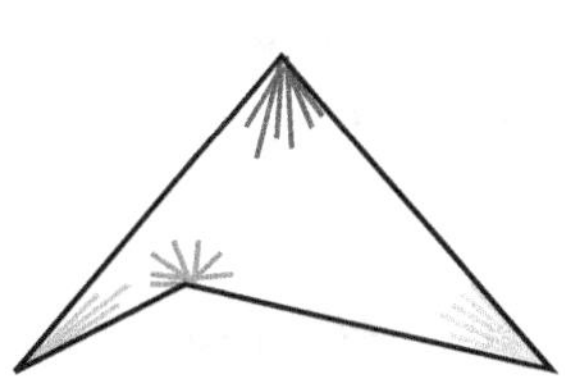
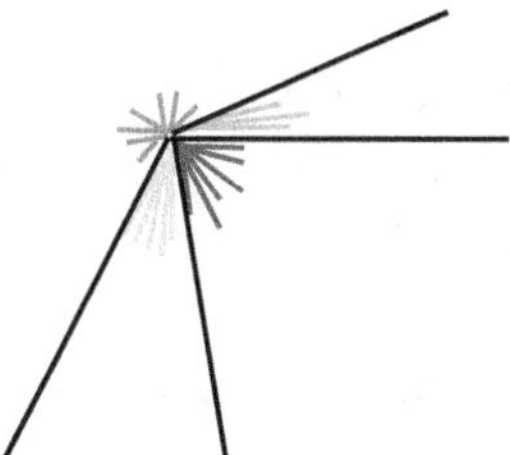

Hasta el momento el ángulo no se genera por el barrido de una región sino que está íntimamente relacionado con las fichas de forma poligonal. En estos momentos, los ángulos existen pero los ven iguales. Por ello se hace énfasis en calcar cada uno de ellos, sujeto a una cualidad observada en los triángulos y cuadriláteros. La suma de los ángulos interiores.

Pasamos a construir ángulos y nos olvidamos de las líneas poligonales.

Actividad # 4

Se seleccionan dos palitos colocándolos uno sobre otro, considerando como centro de rotación uno de los extremos; luego se hace rotar uno de los dos palitos, el otro queda fijo (lado inicial). El lado que hace el barrido se considera lado final. Pasamos de barrer el ángulo con nuestro cuerpo en las actividades # 6 y # 7 del capítulo anterior, a vivir la construcción con mayor libertad.

Invitamos a representar ángulos de las aberturas "posibles" para el estudiante, como las que se vieron en el cuadrilátero y en el triángulo. Se presentan situaciones como:

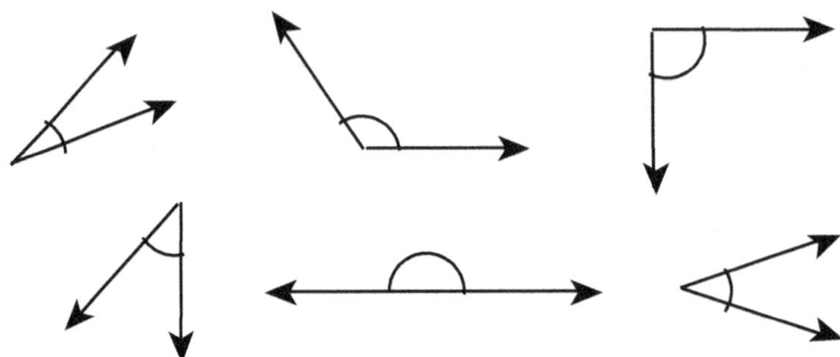

Se orienta a los estudiantes para que mediante un arco se indique el ángulo al cual se está haciendo referencia, con el objetivo de identificar los elementos de los ángulos. Tenemos un cambio de situación, lo que antes fue un elemento de una gráfica, ahora es gráfica. Se puede invitar a los estudiantes a determinar las semejanzas y diferencias de las representaciones.

Las respuestas dadas por los estudiantes de séptimo grado son del tipo

Semejanzas	Diferencias
Todos tienen vértice. Todos tienen lados. A cualquiera se puede ver en las gráficas que hemos estudiado.	No todos son iguales. Hay unos que se abren más que otros. Hay unos ángulos que parecen una vuelta y otros sólo la mitad.

Es fundamental hablar acerca de la relación entre la medida de los ángulos y la rotación de la tierra alrededor del sol en 360 días aproximadamente. Este giro se divide en cuatro partes porque está relacionado con el hecho de existir cuatro estaciones, y cada estación con una duración aproximada de noventa días, de ahí la importancia que adquiere el ángulo recto.

Se acuerda con los estudiantes que la clasificación de los ángulos se refiere a una relación inicial del tiempo que se gasta para realizar una rotación de la tierra alrededor del sol. Ángulos rectos: duración de una estación. Noventa días. Ángulos agudos: es el tiempo gastado en un recorrido menor de una estación, y por último el tiempo invertido en un giro mayor que el de una estación lo llamamos obtusángulo. El ángulo llano es el transcurso de dos estaciones continuas.

Téngase en cuenta que clasificar en cualquier conjunto implica conocer los elementos del conjunto. Las actividades planteadas en este capítulo han estado encaminadas a ello. Podemos construir clasificaciones por lo menos de tres tipos:

1. En los ángulos mismos.
2. Los ángulos determinando los triángulos.
3. Los ángulos determinando cuadriláteros.

1. Veamos el primer caso, a esta altura los ángulos están definidos por su abertura.

   a. Los que son menores o iguales a media vuelta. Ángulos cóncavos.

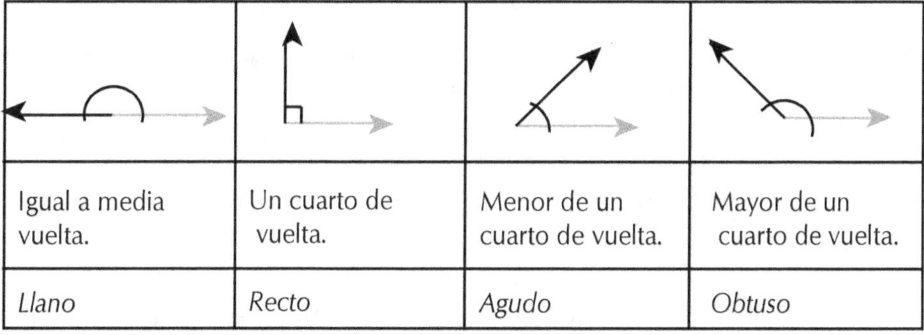

Igual a media vuelta.	Un cuarto de vuelta.	Menor de un cuarto de vuelta.	Mayor de un cuarto de vuelta.
Llano	*Recto*	*Agudo*	*Obtuso*

   b. Los que son mayores de media vuelta reciben el nombre de convexos. Estos ángulos no son considerados como tales en "los elementos" de Euclides, sin embargo es necesario hacer la claridad de esto a los estudiantes y realizar el estudio respectivo.

2.   Se tiene en cuenta los tipos de ángulos internos que tiene el triángulo.

    a.   En primera instancia, no "vemos" triángulos con un ángulo llano.

    b.   Con ángulos rectos se logran construir algunos triángulos. El trabajo con el material permite mostrar la posibilidad de hacerlo y la dificultad para encontrar el tercer lado, la hipotenusa. Tenemos los triángulos rectángulos, a los cuales podemos dedicarles un poco de tiempo, por la relación de orden que presenta la hipotenusa respecto de los catetos.

Es recomendable que el estudiante constate que siempre la hipotenusa es mayor que cualquiera de los catetos. Esto termina siendo clave en las soluciones de triángulos.

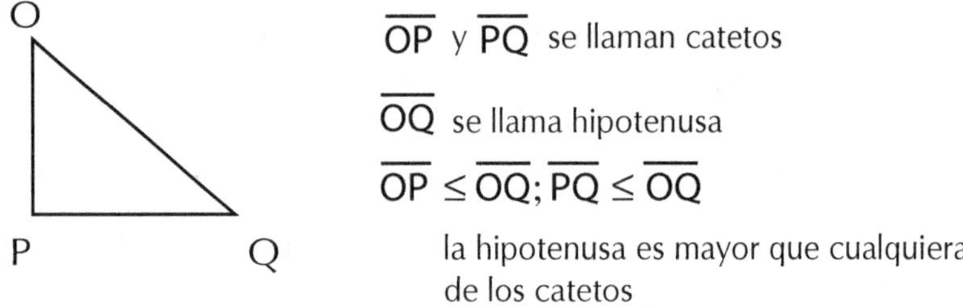

$\overline{OP}$ y $\overline{PQ}$ se llaman catetos

$\overline{OQ}$ se llama hipotenusa

$\overline{OP} \le \overline{OQ}; \overline{PQ} \le \overline{OQ}$

la hipotenusa es mayor que cualquiera de los catetos

    c.   Los triángulos con todos sus ángulos agudos, recibirán el nombre de acutángulos.

    d.   Por último tenemos los triángulos en que el ángulo más grande es un obtuso, y recibe el nombre de obtusángulo.

Es importante acompañar cada definición con gráficos que reafirmen lo dicho.

Hasta el momento la clasificación se ha manejado obedeciendo a una sola cualidad, sin embargo es necesario abordar clasificaciones más amplias y lo hacemos usando tablas de doble entrada.

Actividad # 4

Se pide hacer triángulos de diferente tipo según la longitud de sus lados. Se invita a colocarles su nombre en la parte superior de cada paquete de triángulos. Generalmente los niños se conforman con uno, vale la pena que ellos revisen lo que tienen en sus cuadernos registrados de las actividades anteriores. Este detalle ayuda a que el estudiante vea la importancia de tener buenos registros.

Una vez que se tiene la primera clasificación pedimos que en cada uno de los conjuntos conformados se haga una nueva clasificación pero obedeciendo al tipo de ángulos.

Por la amplitud del trabajo, el estudiante hace uno a uno, pero pierde la globalidad, es ahí donde el docente apoya una organización potente.

	Equiláteros	*Isósceles*	*Escalenos*
Rectángulos	No existe un solo triángulo con todos los lados iguales y un ángulo recto.		
Obtusángulos	No existe un solo triángulo con todos los lados iguales y un ángulo obtuso.		
Acutángulos	Todo triángulo equilátero es acutángulo.		

Actividad # 5

Con los cuadriláteros también podemos proponer la clasificación de acuerdo a los ángulos internos. El trabajo en este momento es más amplio pero es necesario hacerlo. Aquí no hay un camino para seguir, sino que el docente y el estudiante definen uno por el cual van a hacer análisis.

Por ejemplo: partimos de que son cuatro los ángulos internos, y la combinación es amplia, sólo existe la restricción de que la suma debe ser igual a una vuelta.

Se sugiere construir cuadriláteros con todos sus ángulos iguales.

Se puede concluir que todos los ángulos son rectos. Recordando los nombres dados cuando se trabajó su construcción obedeciendo a la longitud de sus lados.

Aquí cabe aclarar que los cuatro ángulos son rectos, entonces reciben el nombre de rectos - ángulos: rectángulos. Entonces, un cuadrado es un rectángulo, porque tiene cuatro ángulos rectos, pero se le exige tener los cuatro lados rectos. Este es un subconjunto de los rectángulos.

Se propone construir cuadriláteros que tengan tres ángulos rectos y el otro puede ser obtuso o agudo. Con el material, aun con el apoyo de la sola gráfica pueden concluir que no se puede. Se aprovecha para justificar la respuesta de ellos haciendo uso del teorema de la suma de los ángulos internos de un cuadrilátero. Esto permite ver la consistencia de las conclusiones que se dan en matemáticas.

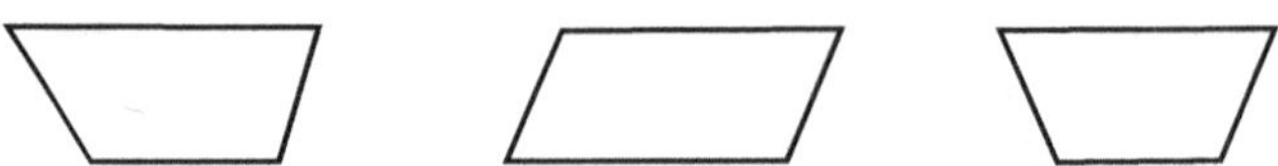

Se pide construir cuadriláteros con dos ángulos rectos, uno agudo y uno obtuso.

Esto permite ver un trapecio no isósceles.

Se puede seguir en construcciones organizadas, puesto que se apunta a ver las situaciones como un todo, pero haciendo particiones claras en ese todo.

De igual forma podemos pedir la construcción de cuadriláteros con dos ángulos obtusos y dos agudos sin exigir que los lados sean iguales dos a dos. Este es sólo uno de los casos.

El tipo de material permite ver un mayor número de situaciones y poco después pasamos a trabajarlo con más seguridad en el papel. Los palitos de balso son la excusa para abordar un tema, sin necesidad de imponer una visión, sino buscando relaciones muy potentes que permitan la descripción del mundo en que vivimos. Este ejercicio nos prepara para entender otros que sólo caben en nuestra imaginación.

A esta altura los estudiantes empiezan a hacer ciertas generalizaciones. Dejan el tamaño de los segmentos y se quedan con la relación de lados y ángulos.

Capítulo 10

Cuadriláteros

De nuevo pasamos del reconocimiento del objeto de estudio basado en la forma a estudiar el objeto sobre la relación de sus elementos. Se recomienda hacer el estudio de cuadriláteros clásicos. Exponemos algunos a manera de ejemplo.

Definición: es una línea poligonal cerrada de cuatro lados. Ejemplo: cuadrados, rombos, rectángulos, paralelogramos, trapecios y otros. Se les define así por tener cuatro lados, cuatro vértices y cuatro ángulos. Las relaciones entre los elementos, y el tipo de elementos determinará las diferencias.

Actividad 1

El cuadrado:

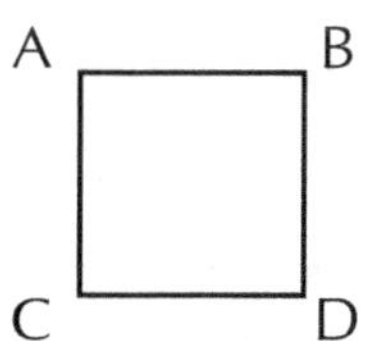

Veamos tres descripciones diferentes del mismo objeto geométrico

Tiene cuatro vértices. Tiene cuatro ángulos. Tiene cuatro lados iguales. Los ángulos son rectos y miden cada uno 90º	Los lados son paralelos dos a dos. Hay lados que son perpendiculares. A, B, C, D son vértices. Todos los lados son iguales.	$<ABD <ABD$, $<DCA <CAB$ $\overline{DC} \perp \overline{AD}, \overline{DC} \perp \overline{BC}$ $\overline{AB} \perp \overline{AD}, \overline{AB} \perp \overline{BC}$ $\overline{AB} \parallel \overline{DC}$ $\overline{AD} \parallel \overline{BC}$ $\overline{AB} \equiv \overline{BC} \equiv \overline{DC} \equiv \overline{AD}$ La suma de los ángulos interiores es de 360º.

Esta última forma es la que esperamos que los estudiantes en grado octavo manejen, entonces los cuadrados son independientes de tamaño y de ubicación. Durante toda la estadía del estudiante en la escuela se trabaja para ir avanzando en la conceptualización, fijémonos que aún estamos en la etapa de la descripción del objeto. Cada año escolar se retoma el objeto de estudio pero en forma diferente. No hay pérdida del tiempo ni del trabajo. Es difícil alcanzar este último nivel en grado sexto, sin embargo el docente podrá ir midiendo el desarrollo lingüístico y relacional de los estudiantes.

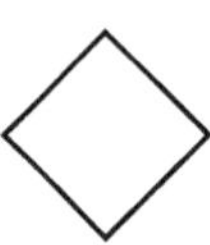 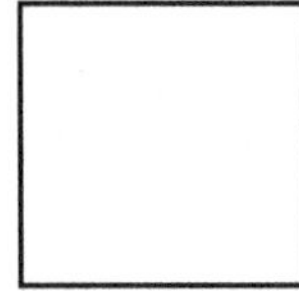 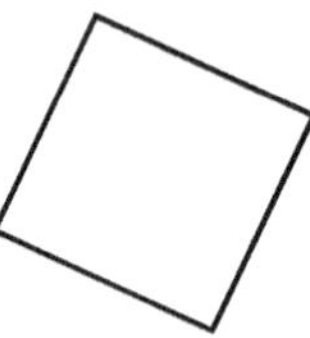

Es recomendable ponerle nombre a los vértices y pedir a los estudiantes hacer formalmente la descripción.

Actividad 2

El rectángulo

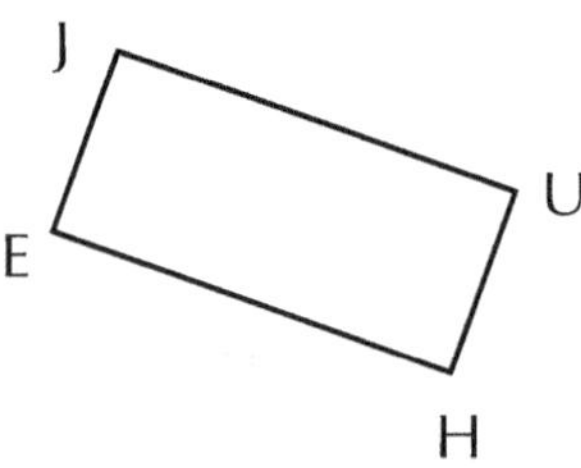

Tiene cuatro vértices. Tiene cuatro ángulos. Los ángulos miden 90º. Los lados son iguales de dos en dos.	Tiene cuatro ángulos rectos. Los lados son paralelos e iguales. Los lados son perpendiculares.	$\overline{JU} \parallel \overline{EH}$, y, $\overline{JE} \parallel \overline{JE}$ $\overline{EH} \perp \overline{JE}$,y, $\overline{JE} \perp \overline{JU}$ $\overline{JU} \equiv \overline{EH}$, y, $\overline{JE} \equiv \overline{JU}$ < EJU ≡ <JUH ≡ <UHE La suma de los ángulos interiores es 4 rectos

Actividad 3

Las acciones de comparar no pueden ser de forma fortuita puesto que esto no asegura el poder llegar a conclusiones de gran potencia. Tratamos de pasar de inferir las observaciones que se han hecho en las dos actividades anteriores para poder determinar diferencias y semejanzas.

Pedimos comparar la descripción del cuadrado y el rectángulo a partir de las relaciones entre sus elementos. Se recomienda llenar en tablas como la adjunta para facilitar las conclusiones. No podemos suprimir las gráficas pero podemos acentuar en las relaciones simbólicas que las determinan.

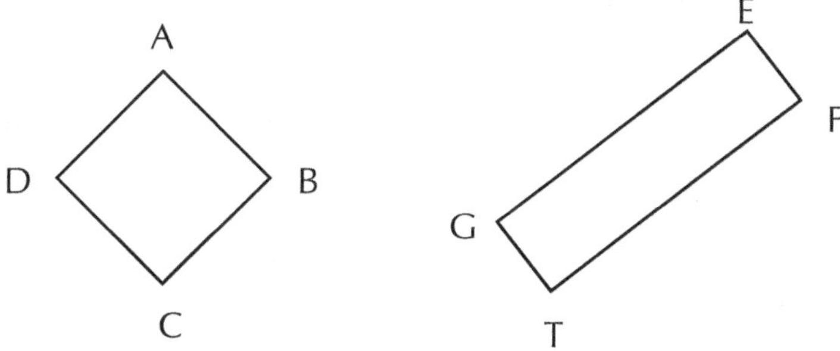

	Cuadrado	Rectángulo
Congruencia *Lados* *Ángulos*	$\overline{AB} \equiv \overline{BC} \equiv \overline{BC} \equiv \overline{AD}$ $<A \equiv <B \equiv <C \equiv <D$	$\overline{EF} \equiv \overline{GT}$ y $\overline{EG} \equiv \overline{FT}$ $<E \equiv <F \equiv <G \equiv <T$
Paralelismo	$\overline{AB} \equiv \overline{DC} ; \overline{AD} \equiv \overline{BC}$	$\overline{EF} \equiv \overline{GT} ; \overline{EG} \equiv \overline{FT}$
Perpendicularidad	$\overline{AB} \perp \overline{AD} ; \overline{AB} \perp \overline{BC}$ $\overline{DC} \perp \overline{AB} ; \overline{DC} \perp \overline{BC}$	$\overline{EF} \perp \overline{EG} ; \overline{EF} \perp \overline{FT}$ $\overline{GT} \perp \overline{EG} ; \overline{GT} \perp \overline{FT}$

En un grado noveno podemos decir que:

- Cuadrado es un cuadrilátero con sus lados consecutivos congruentes y perpendiculares.

- Rectángulo es un cuadrilátero con sus lados consecutivos perpendiculares.

La observación toma otro nivel. Es mirar la definición sin forma. Sólo relación. Aparentemente es la misma, sólo un sutil detalle hace la diferencia: la congruencia. Si el concepto se queda basado en una gráfica no es fácil llegar a: todo cuadrado es un rectángulo pero no todo cuadrado es un rectángulo.

Actividad 4

El paralelogramo

Es poco probable que en los grados sexto y séptimo los estudiantes asuman al rectángulo como paralelogramo. Por esta razón se recomienda en estos grados la presentación clásica del paralelogramo y una vez hecha la descripción, plantear los gráficos de los rectángulos como paralelogramos.

De nuevo pedimos hacer la descripción del paralelogramo a través de las relaciones de sus elementos.

Hay un buen número de estudiantes que tienen dificultades para su trazado, y su mecanismo para ocultar el problema es hacerlo muy pequeño. Es por esto que hacemos énfasis en él. Esto hace que el estudiante sepa de qué está hablando. Además realizarlo en situaciones no canónicas es problemático pero es necesario que se exija el hacerlo bien.

Tiene cuatro vértices. Tiene cuatro ángulos. Los lados son iguales de dos en dos.	Tiene cuatro ángulos. Los lados son paralelos e iguales.	- Paralelismo - Congruencia - Ángulos

Generalmente olvidan las observaciones respecto de los ángulos. Es bueno repetir el trabajo de construir una ficha con forma de paralelogramo y comprobar que los ángulos opuestos son congruentes y por otro lado la suma de los ángulos internos equivale a cuatro rectos.

Es sano analizar con los estudiantes que:

- Tener los ángulos opuestos congruentes no impide tener los ángulos consecutivos congruentes.
- Tener los lados opuestos congruentes no impide tener los lados consecutivos congruentes.

Téngase en cuenta que estas observaciones se hacen desde la descripción simbólica para volver al gráfico y entender que un rectángulo es un paralelogramo, que un cuadrado es un paralelogramo.

Todo esto para poder en un grado noveno decir que un paralelogramo es un cuadrilátero con sus lados paralelos dos a dos.

Actividad 5

El rombo

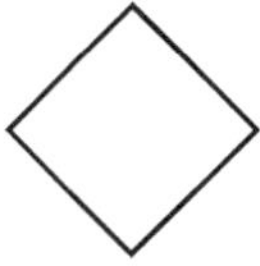
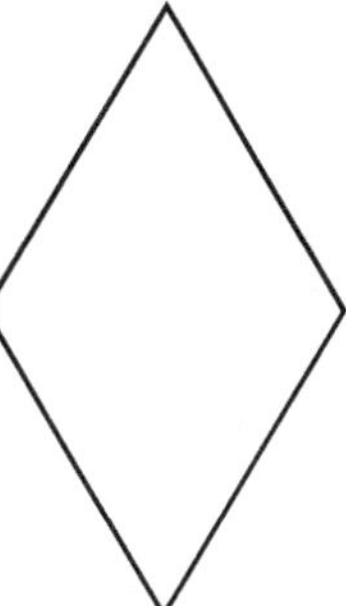

Es posible seguir pautas similares a la descripción que se hace de los cuadriláteros anteriores.

Se espera llegar a la definición:

Es un paralelogramo con sus lados consecutivos congruentes.

De nuevo, un cuadrado es un rombo; pero hay rombos que no son cuadrados.

Se estudia de igual forma el trapecio como el cuadrilátero que tiene dos lados paralelos no congruentes.

Capítulo 11

Elementos de un polígono

En el trabajo que se ha hecho con los estudiantes de líneas poligonales cerradas, se vieron como elementos los vértices, ángulos y lados. Sin embargo, existen otros que no aparecen en forma inmediata puesto que son constructos de tipo matemático, que no hemos abordado como: alturas, diagonales, apotemas... Se ha creído que trazar estas líneas notables sobre determinado polígono basta como parte de la enseñanza de ella. Sin embargo, es sano ver una lógica en su construcción que convenza al estudiante de su existencia y su forma de ser. Se proponen las siguientes actividades para realizar en los grados de sexto a noveno.

Diagonales

Actividad 1

Partimos de la definición:

Una diagonal es un segmento que une dos vértices no consecutivos de una línea poligonal cerrada.

Invitamos a los estudiantes a trazar algunas diagonales de polígonos (líneas no continuas) de diferente tipo: cóncavos y convexos, por ejemplo:

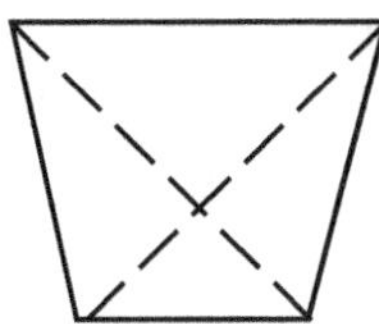  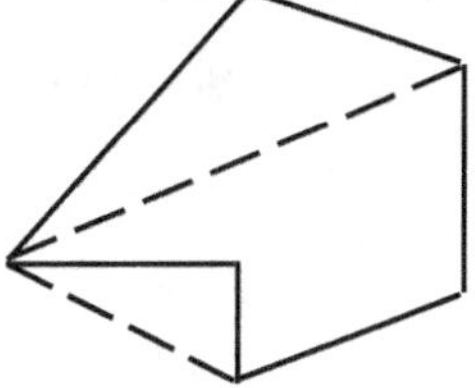

Es conveniente que las diagonales se marquen de forma especial porque sin esto lo único que se vería es una lluvia de segmentos.

Actividad 2

Una vez que se ha comprendido el concepto de diagonal podemos detenernos en su estudio en los cuadriláteros. Hacer la construcción y análisis del comportamiento de las diagonales determinan qué tipo de cuadrilátero se está determinando.

Se recomienda entregar una guía con cuadriláteros de diferente tipo. El tener graficado los cuadriláteros nos permite fijar la atención sobre las diagonales y saber que todos hablamos del mismo. Deben haber cóncavos y convexos. Se pide a los estudiantes trazar las diagonales posibles en cada cuadrilátero e ir hablando del cómo son. Por ejemplo:

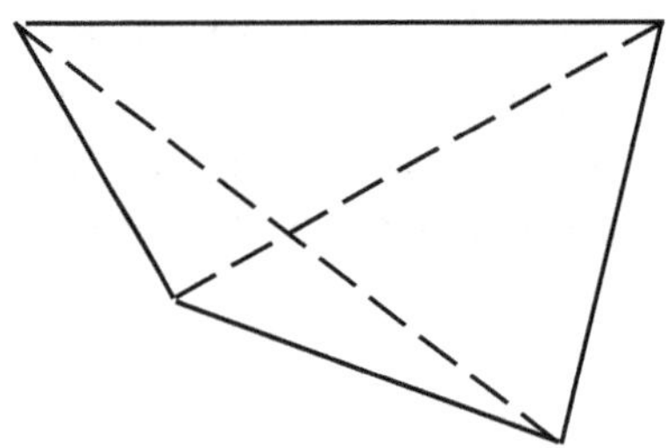

Las diagonales son de diferente longitud.
Las diagonales son concurrentes.
El punto donde se cortan las diagonales no es el punto medio.
Las diagonales no son perpendiculares.

Cuando los cuadriláteros son cóncavos, a los estudiantes les cuesta asumir que las diagonales queden fuera del gráfico:

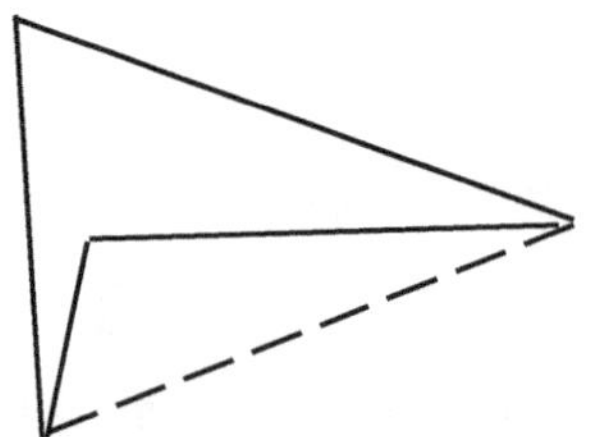

Se presenta en estas situaciones el mismo problema que en las alturas de un triángulo respecto de un lado respectivo. Como es la altura **de**, se espera que esté dentro de la región limitada por el polígono determinado.

Para cada par de diagonales vale la pena determinar:

*   Congruencia
*   Concurrencia
*   Perpendicularidad

- Contenidas o no en la región determinada por el polígono.
- Si hay concurrencia, dónde está el punto de corte.

Es edificante en nuestro proceso de formación que estas observaciones se registren haciendo uso del simbolismo apropiado una vez hechas en lenguaje común.

Actividad 3

Una vez teniendo el cuadrilátero trazado y descritas las relaciones de sus diagonales, se puede llevar a los estudiantes a otro nivel de razonamiento dentro de la geometría descriptiva.

Construir matrices como la presentada en la siguiente página es posible cuando se ha participado en el trazado y análisis del trabajo. Las relaciones de contenencia planteada en el capítulo sobre cuadriláteros se vuelven a cumplir en esta matriz.

Este tipo de conclusiones son las que tienen carácter de tipo matemático. No es fácil llegar a esto, pero vale la pena el esfuerzo.

Relaciones de las diagonales de los cuadriláteros

	Congruentes	Concurrentes	Perpendiculares	Contenidas	Se cortan en el punto medio
Cuadrado	X	X	X	X	X
Paralelogramo	X	X		X	X
Rectángulo	X	X		X	X
Trapecio		X		X	
Rombo		X	X	X	X
Cometa		X		X	
Cóncavos					

Todas las relaciones de las diagonales del rectángulo las cumple el cuadrado.
Todas las relaciones de las diagonales del rombo las cumple el cuadrado.
Todas las relaciones del paralelogramo las cumple el rectángulo. De igual forma el cuadrado y el rombo.

En un grado noveno, podemos dar las características de las diagonales para que ellos construyan e identifiquen el cuadrilátero.

Actividad 4

Se puede aprovechar el estudio sobre las diagonales para pasar a la geometría deductiva. Si se ha demostrado el teorema sobre la suma de los ángulos interiores de un triángulo podemos hacer uso de él, junto con lo estudiado de las diagonales para hacer la demostración: la suma de los ángulos interiores de un cuadrilátero es cuatro rectos.

Partamos por ejemplo de un paralelogramo. Tracemos una de las diagonales.

Podemos ver que el paralelogramo está formado perfectamente por dos triángulos. Se marcan y notan todos los ángulos internos de los dos triángulos. A partir de esto podemos decir:

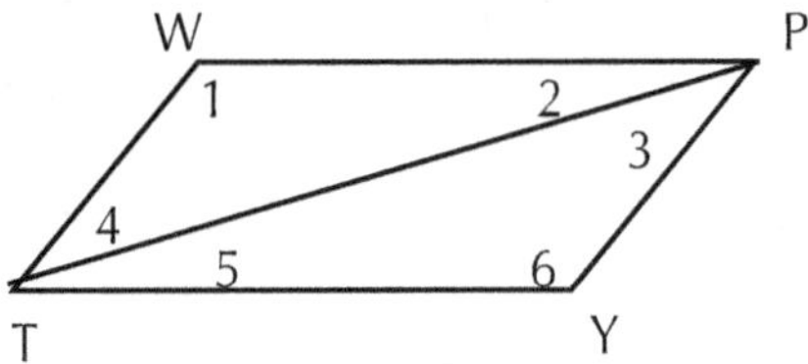

En el gráfico podemos observar: < 1= < W; < 6 = < Y

a)   < 4 + < 1 + <2 = 180° en △ TWP
b)   <5 + < 6 + <3 = 180° EN △ TYP
c)   Sumando cada lado de la igualdad:
   < 4 + < 1 + <2 + <5 + < 6 + <3 =360°
d)   ordenando y asociando los ángulos:
   (< 4 +<5) +(<2 + <3) + < 1+ < 6 = 360°
e)   < 4 +<5 = <T
f)   <2 + <3 = <P
g)   Sustituyendo f) y e) en d) tenemos:
   <T + <P + < 1 + < 6 = 360°
h)   Remplazando por su notación correspondiente: <T + <P + < W + < Y = 360°

Generalmente es difícil para el estudiante recordar la demostración de situaciones como ésta. Pero, como ejercicio se puede variar el cuadrilátero y pedir a los estudiantes redactar la demostración. Se nos podría acusar de mecanicistas, pero vale la pena hacerlo si logramos que el teorema no se olvide, que se recuerde y se entienda la secuencia de los razonamientos. Estamos trabajando sobre la geometría deductiva.

Notar cada vértice, cada ángulo y repetir la demostración del teorema anterior es de por sí un trabajo minucioso que vale la pena hacerlo.

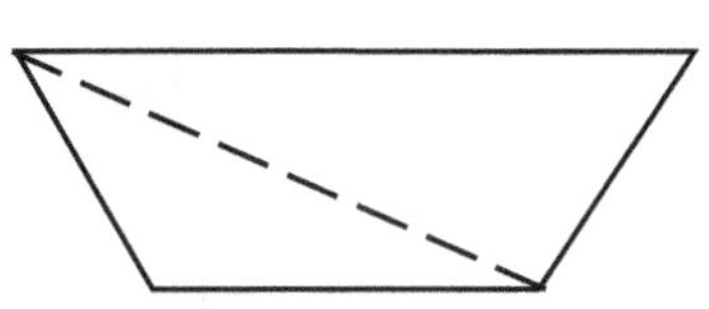 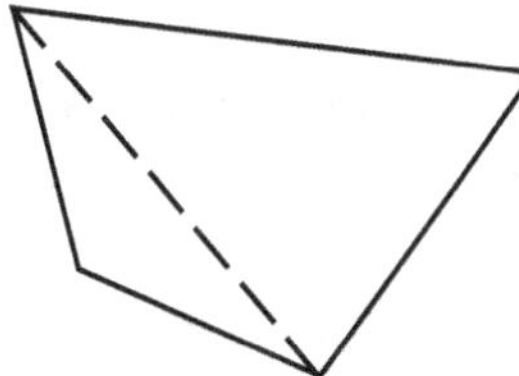

Luego podemos pasar a los ejercicios de tipo numérico y algebráico respectivamente. Por ejemplo:

- En un cuadrilátero tres ángulos internos miden: 34°, 17° y 69° ¿Cuánto mide el cuarto?
- En un cuadrilátero los ángulos internos miden: 3x-5°, 2x+21°, 5x +15°; 7x+9°. ¿Cuánto mide cada ángulo?

Actividad 5

Miremos las diagonales de un polígono de n lados.

Dibujamos varios polígonos que pueden ser regulares o no.

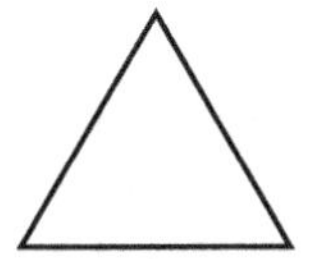 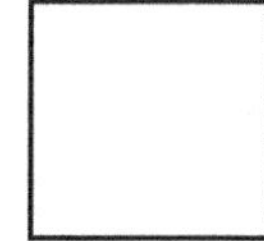 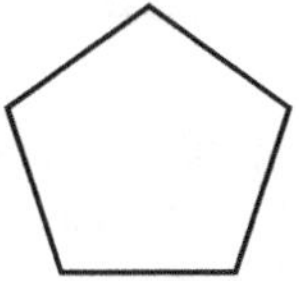 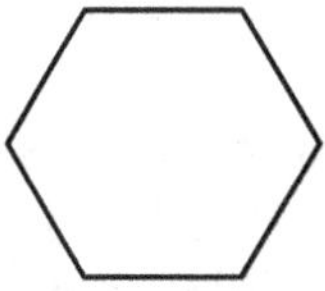 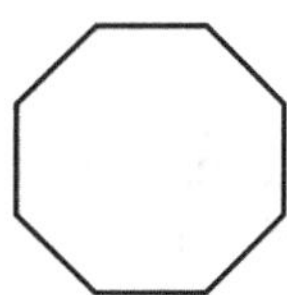

Se pide que en cada uno de los polígonos regulares dados, el estudiante trace todas las diagonales que parten de un solo vértice.

Se les pide ser muy cuidadosos para poder hacer conclusiones.

En el desarrollo del pensamiento matemático de nuestros estudiantes no nos podemos aislar por completo en un aspecto de la matemática. Este ejercicio nos permite trabajar el pensamiento variacional.

Pedimos organizar los datos referentes al número de diagonales desde un mismo vértice en una tabla como

# lados	3	4	5	6	7	8	9	10	11	n
# diagonales	0	1	2	3	4	5	6	7	8	n-3

Hallar el término nésimo es pasar a otro nivel de lo puramente visual. Pero hay más, podemos entablar discusiones como:

1. ¿Qué pasa con el número de diagonales si las polígonos no son regulares?.
2. ¿Qué pasa si los polígonos son cóncavos?
3. ¿Cuáles cree que son las razones de la relación numérica entre el número de lados de un polígono y el número de diagonales que parten de un mismo vértice?
4. ¿El número de vértices en un polígono es igual al número de lados?¿Cómo puedes relacionar el número de lados con la suma de los ángulos interiores de un triángulo?
5. ¿Cuántos triángulos se forman al trazar la diagonal desde un vertice en cada polígono?

Podemos pasar nuestras observaciones a una tabla

# lados	3	4	5	6	7	8	9	10	n
# triángulos	1	2	3	4	5	6	7	8	n-2

La suma de la medida de los ángulos la expresamos en rectos. Recordamos que la suma de los ángulos interiores del triángulo es 180° y lo trabajado con cuadriláteros.

# lados	3	4	5	6	7	8	9	10	n
Medida. # Rectos	2	4	6	8	10	12	14	16	2(n-2)

Respecto a las apotemas es conveniente hacerlo una vez estudiadas las alturas del triángulo.

Alturas

Generalmente lo abordado es la altura en un triángulo estrictamente. Hablamos de la altura porque con frecuencia se ve sólo una de sus alturas. Sin embargo los cuadriláteros tienen altura y, aunque poco se piensa en geometría, hay alturas de polígonos. Se recomienda haber discutido con los estudiantes el concepto de *altura* desde lo cotidiano. Lo ideal es hacerlo en la básica primaria.

Nos centramos en este documento en la altura de rectángulos, paralelogramos, triángulos y trapecios. El recorrido en la formación del concepto va desde lo objetal hasta la construcción de la definición. La altura tiene un origen en la medida, puesto que determina quién es más alto, más grande. Éste será nuestro punto de partida para este trabajo. Basarnos en el pensamiento métrico para pasar al geométrico.

Actividad I

Alturas de un rectángulo

La altura de un rectángulo se aborda cuando pasamos de contar el área de un rectángulo basándonos en la Geometría Euclidiana a calcular el área desde la visión cartesiana.[35]

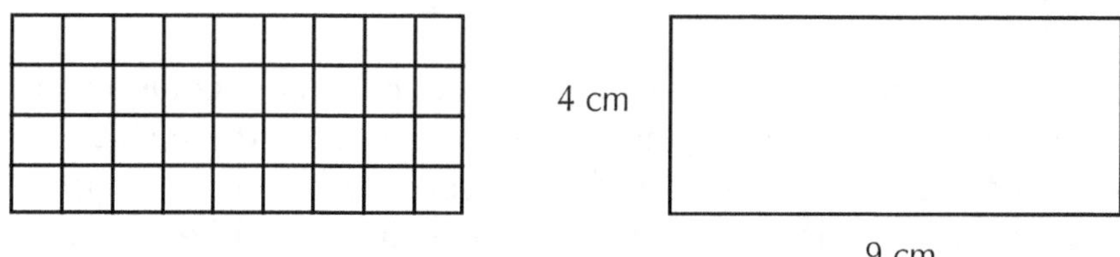

---

35 Las autoras de este documento han trabajado respecto a la construcción de los conceptos de área y perímetro y los sistemas de medición de estos. Serán publicados próximamente.

Aquí se presenta el cambio de nombre de los elementos del rectángulo: los lados ahora se llaman base y altura. Es simple, pero el estudiante necesita el tiempo y los ejercicios para abordarlo. De acuerdo a lo planteado desde los trabajos de primaria, es sano recalcar la relación de perpendicularidad entre la altura y el lado que le sirve de base.

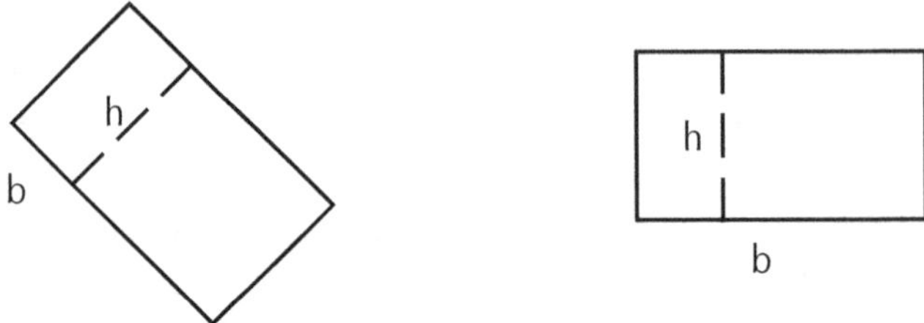

Si bien gráficamente es simple, tenemos la obligación como docentes de mostrarlas en las más diversas situaciones.

Actividad 2

Alturas de un paralelogramo

Esta actividad se recomienda para grado séptimo. Pasamos a ver la altura de un paralelogramo. Es conveniente trazar y cortar dos paralelogramo congruentes. Se calca en los registros de los estudiantes. Se hace el doblez y corte como lo indica la gráfica.

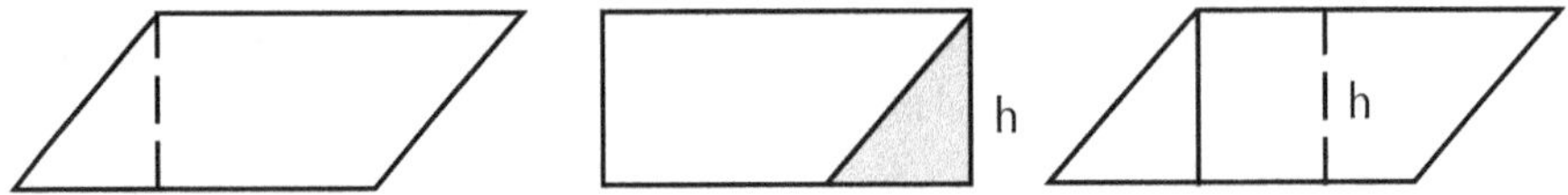

Es conveniente que no nos conformemos con hacer el gráfico sobre la hoja, sino que se vayan pegando los pedazos. La parte inactiva es un aspecto básico del aprendizaje del concepto. Al hacer el registro, es necesario explicitar las relaciones de perpendicularidad entre la altura y el lado sobre el cual se está trazando.

Una vez que ha entendido la existencia de la altura en el espacio–tiempo, nos centramos en la gráfica y hacemos claridad de la existencia de las dos alturas del paralelogramo, primero en situaciones canónicas y luego en posiciones que no son regulares.

Las situaciones en que la altura no está dentro de la gráfica no deben ser excluidas.

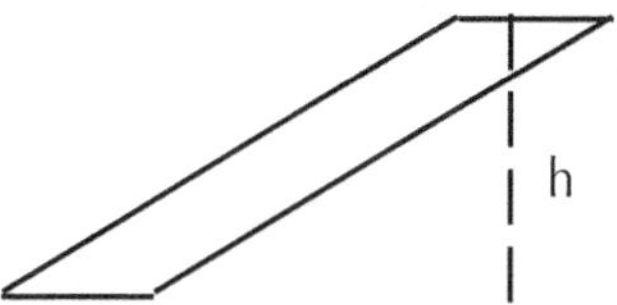

Las alturas del triángulo

La altura del triángulo al ser trazada respecto a uno de sus lados es un tema que se ha mirado con cierta ligereza en la enseñanza, sin fijarnos en la madurez académica necesaria del estudiante respecto al conocimiento matemático, y con desilusión vemos la forma en que se presentan los resultados en las evaluaciones donde se aprecia que el concepto no ha sido asimilado.

La responsabilidad profesional del docente está dirigida entre otras a buscar formas regulares que le permitan al estudiantado en un alto porcentaje entender un concepto con miras a hacerlo útil en su mundo cotidiano y crear objetos de estudio con el interés de entender la disciplina que se enseña y el desarrollo de la misma.

Vale la pena aclarar: la altura de un triángulo[36] debe ser útil para calcular su área, pero también es necesario que se estudie desde el aspecto geométrico, en la relación que puedan tener las tres alturas alejadas de la medida, para volver otra vez sobre la medición, puesto que al verla sobre la relación de tipo geométrico debe permitir relaciones métricas diferentes, y posibilitar avances de tipo científico si el estudiante lo desea. Si no, tener la confianza en los desarrollos que hace la ciencia, puesto que tiene la oportunidad de conocer realmente un concepto matemático.

El manejo que se da en los textos escolares hace que la altura del triángulo se vea como:

---

36 Téngase en cuenta que este texto siempre se refiere a la altura sobre uno de los lados del triángulo.

a. Un dato que permite hacer un cálculo para encontrar un valor llamado área del triángulo.
b. Un segmento perpendicular que se traza sobre el lado del triángulo que está paralelo al borde de la hoja.

Tratamos de encontrar una forma racional, no traumática de enseñar la altura del triángulo que permita verlo como un objeto de estudio en las Matemáticas. Es necesario mirar el concepto desde las matemáticas pero sin olvidar en ningún momento los obstáculos para su comprensión y el rol que juega el docente.

¿Qué se dice desde la matemática?

La altura del triángulo se muestra independiente del cálculo de su área. En el libro de Moisse Down "Geometría Moderna",si bien el texto está propuesto para un nivel universitario, marca una de las metas a la que debe llegar el estudiante, o al menos caminamos hacia ella bajo nuestra responsabilidad como docentes. Aquí la altura aparece como una definición: "Una altura de un triángulo, respecto a un lado, es un segmento perpendicular desde un vértice del triángulo a la recta que contiene al lado opuesto". Esta forma de presentar el concepto nos debe llevar a determinar cuáles son las invariantes.

Veamos por qué a determinado segmento se le llama *altura del triángulo* y no otra cosa.

Los invariantes de la altura del triángulo.

*   Es un segmento, por lo tanto tiene punto inicial y final y susceptible de ser medido.
*   El segmento va de un vértice a la recta que contiene al lado opuesto a éste.
*   El segmento es perpendicular al lado sobre el cual se trace, o a la recta que contiene al lado.
*   Cada triángulo tiene tres segmentos únicos a los que llamamos *altura* respecto a cada lado.

Si bien, estos son los aspectos de tipo netamente matemático, no determinan el cómo abordar el concepto en el aula de clase, pero sí marcan cuáles son las pautas que los estudiantes deben tener respecto del concepto.

Es bien conocido que históricamente la Geometría tuvo su origen en la métrica de la tierra. *La altura del triángulo* sobre uno de los lados, parece encajar con esto. Todo parece indicar que está relacionada en forma directa con la medición, exactamente con el área del triángulo, pero habría aún más, ¿cómo es que el hombre sabe que ese algo que tiene el triángulo, o que le puedo colocar al triángulo, le sirve para medir la superficie que encierra un polígono de forma triangular? Esto no es de fácil inspección, hay algo que está detrás de este aspecto.

No se ha encontrado referentes históricos del concepto como sí sucede con el teorema de Pitágoras, por ejemplo, pero siguiendo el planteamiento anterior, la altura del triángulo viene de la necesidad de medir, pero ¿vale la pena dibujar un segmento, ponerlo en relación con un triángulo y darle nombre de *altura*? Es primordial buscarle sentido, y vamos a partir precisamente de esto. Lo anterior nos exige que en el aula de clase, más exactamente en la clase de matemáticas, para plantear el tema se requiere trabajar otros aspectos que no son solamente de geometría, y que se explicitarán a lo largo del capítulo.

La propuesta didáctica adelantada sobre *las alturas del triángulo* se basa en las formas como los niños van accediendo a los diferentes niveles de representación, a los diferentes tipos de problemas que van siendo capaces de resolver y la forma de resolverlo, a como van viendo los invariantes de *las alturas del triángulo*.

Prerrequisitos académicos

Ver la altura de un triángulo no es de reconocimiento inmediato visual. Es una construcción que se hace a través del cuestionamiento sobre la medida. Aparece como un elemento necesario para poder calcular el área de un triángulo. Por lo tanto abordarla en el aula requiere haber trabajado situaciones donde esté explícita la medida. En un grado séptimo los estudiantes se han ido aproximando a:

1. Cuadriláteros, triángulos. Su estudio se basa en las relaciones de paralelismo, perpendicularidad, congruencia entre sus lados y los tipos de ángulos.
2. Se tiene conciencia de la conservación de la superficie bajo una gráfica. Por ejemplo, en la comparación de dos gráficas como:

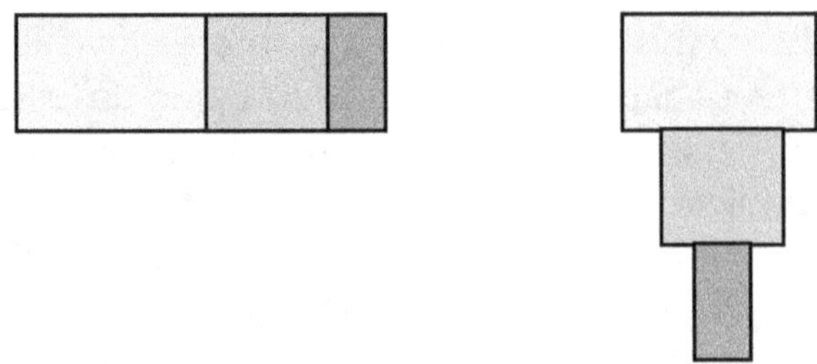

El estudiante puede expresar: "Es la misma representación de una superficie pero organizada de forma diferente."

3. Dado un rectángulo como representación de una superficie, en el cual se conoce su base y su altura, pueden calcular su área haciendo uso de la expresión algebraica respectiva. Es recomendable que los estudiantes hayan trabajado el cálculo del área desde la forma euclídea hasta la forma cartesiana. Descartes propuso la medición del área usando la medida de la longitud de los lados de un rectángulo, mientras que Euclídes trabaja las áreas haciendo uso de la conmensurabilidad.

4. Entienden que el área de un gráfico se puede expresar como la suma de las áreas de los gráficos que puedan componerse sin solaparse.

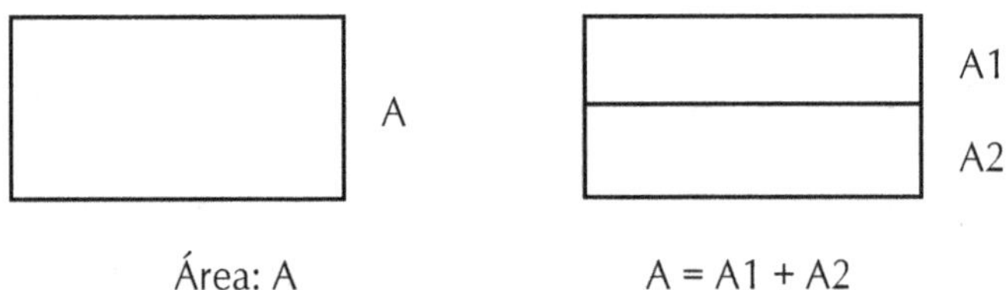

Área: A   A = A1 + A2

Actividad # 1

Objetivo: El estudiante puede descubrir que con dos triángulos congruentes se puede formar un rectángulo, en el cual uno de sus lados corresponde con uno de los lados del triángulo. Exceptuando cuando se traza la altura en un triángulo obtusángulo respecto a los lados que forman el ángulo obtuso.

Prerrequisitos:

* Se identifican los rectángulos y las relaciones de paralelismo, congruencia y perpendicularidad de los lados respectivamente.
* Se conoce la altura del rectángulo.
* Triángulos congruentes, su clasificación según sus ángulos y lados.
* La conservación de la superficie.

Material: En una hoja debe aparecer un par de triángulos congruentes y un rectángulo. Se presentan algunos modelos. Se tiene cuidado para que uno de los lados del triángulo coincida con un lado del rectángulo y que otro de los lados del rectángulo tenga la misma longitud que la altura del triángulo a trabajar.[37]

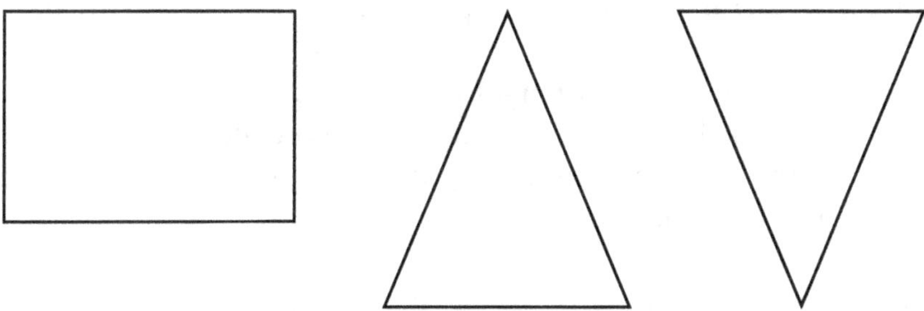

Se recomienda organizar el curso en grupos de cuatro estudiantes. Entregamos a cada integrante del grupo una hoja con un rectángulo para recubrirlo con dos triángulos congruentes. Ver el anexo 1. Se recomienda que los triángulos entre grupos sean de diferente tipo puesto que necesitamos ver muchas posibilidades en la clase. Vale la pena dar a cada estudiante el material con el que se hace el montaje porque nos asegura una mayor participación y confianza en el trabajo a desarrollar.

Se pide recortar la región triangular que aparece sombreada, colocarla en el rectángulo haciendo coincidir un lado del triángulo con un lado del rectángulo, pero no pueden quedar los vértices del triángulo fuera de él. La región triangular que aparece en blanco se colorea por

---

37   Téngase en cuenta que el docente sabe para dónde va. La actividad está diseñada para inquietar al estudiante, no defraudarlo, por esto es conveniente que el docente dé las gráficas hechas y no sean ellos los que las dibujen.

ambas caras y se recorta por su frontera. Con el mínimo número de cortes que se hagan al segundo triángulo se espera acabar de cubrir el rectángulo dado.

Dificultades:

- No es fácil para el estudiante obtener con un solo corte las partes que completan el recubrimiento del rectángulo.
- Se les puede dañar el triángulo, vale la pena tener algunos de repuesto.
- Se espera que la respuesta no sea única. Por esto la presencia y apoyo del docente es primordial.

Hay una situación que no abordamos cuando no es posible la composición del rectángulo y que corresponderá a los casos en que la altura sobre uno de los lados queda fuera de la región determinada por el triángulo. En este caso el triángulo es obtusángulo y se traza la altura sobre uno de los lados que forman el ángulo obtuso. Hay que tener en cuenta que estamos sembrando la inquietud de mirar al triángulo en relación con el rectángulo solamente.

Conclusión: Con los triángulos trabajados se puede armar un rectángulo.

Se espera que lleguen a construcciones como:

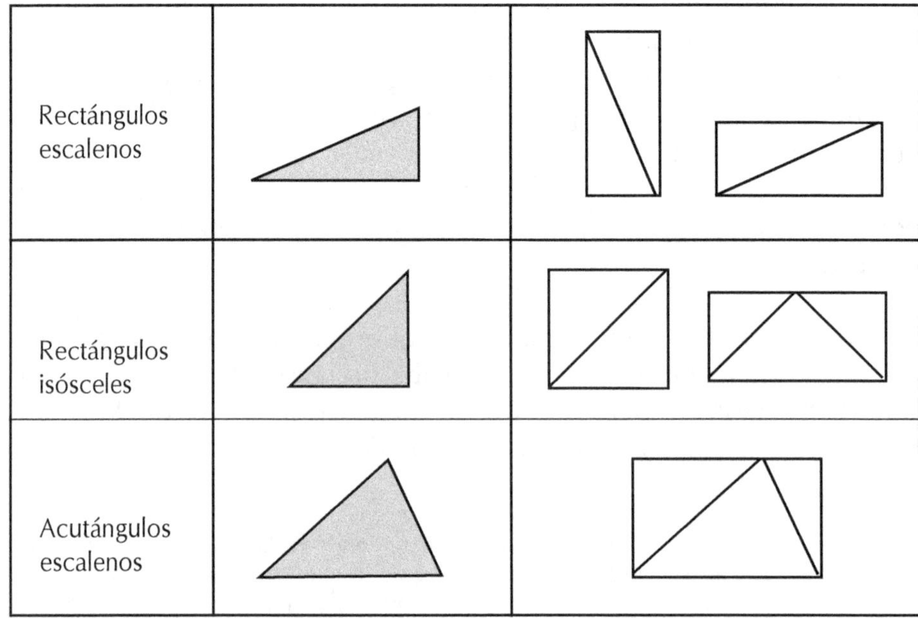

Rectángulos escalenos		
Rectángulos isósceles		
Acutángulos escalenos		

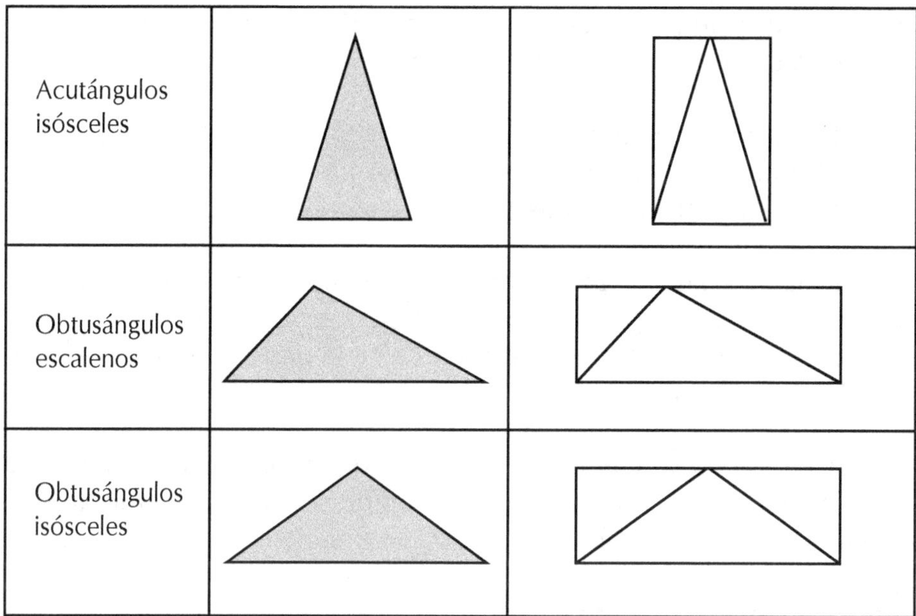

Acutángulos isósceles		
Obtusángulos escalenos		
Obtusángulos isósceles		

Actividad # 2

Objetivo: Recopilar las diferentes formas de construir con dos triángulos congruentes un paralelogramo, dando prelación a la construcción de rectángulos.

Prerrequisitos:

- Reconocimiento del paralelogramo.
- Comprensión de las relaciones de perpendicularidad, paralelismo y congruencia de segmentos.
- Identificación de la base y la altura de un paralelogramo.
- Conservación del área bajo una gráfica.

Material: se diseñan tres guías de trabajo que abordan las situaciones dadas por el tipo de ángulos que tienen los triángulos. Se requiere que cada estudiante tenga su material. Cada guía se le entrega al estudiante una vez que se ha resuelto la anterior.

En cada guía de trabajo aparecen al comienzo de ella, tres triángulos. Es el mismo triángulo, solo que se ha ubicado de tal manera que cada uno de los lados está sirviendo de base para éste. En la parte inferior de la hoja se dan triángulos congruentes con los del comienzo de ésta, que el estudiante puede recortar y comprobar la relación enunciada. La actividad considera tres situaciones:

1. Triángulos acutángulos.
2. Triángulos rectángulos.
3. Triángulos obtusángulos.

La indicación es: Los triángulos de la parte inferior de la hoja son congruentes con los triángulos de la parte superior. Se pide colorear ambas caras de la región triangular que aparece en la parte inferior de la hoja. La indicación dice:

A cada una de las regiones triangulares coloreada, hágale un corte y con el triángulo que está en la parte superior de la hoja forme un rectángulo con la base indicada.

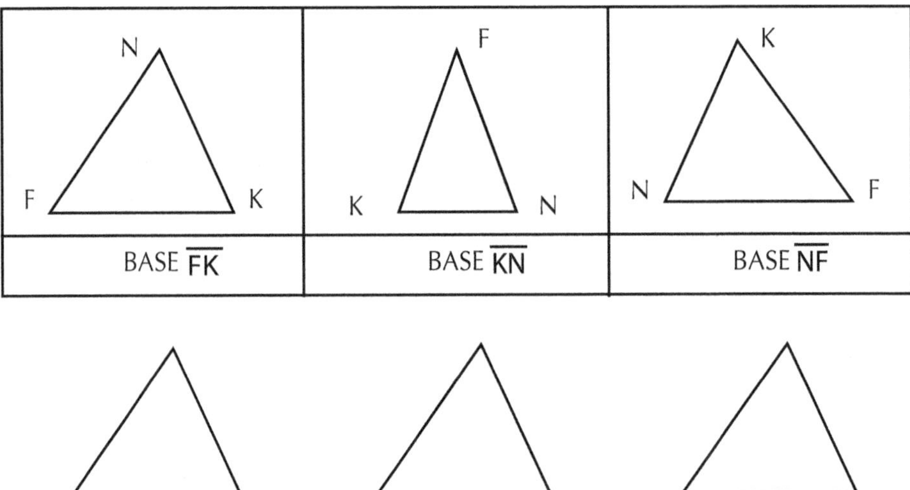

Este trabajo se hace en forma individual. Lo que no quiere decir que no tenga el apoyo del docente y los compañeros, sino que cada uno debe realizar el registro. Es bueno mencionar los resultados de la actividad anterior.

Escoger que la transformación sea en un rectángulo y no en un paralelogramo cualquiera. Se hace para facilitar la fijación de la atención sobre el aspecto que nos interesa abordar en el momento, dado que el sólo concepto de *altura del triángulo* presenta "múltiples respuestas" para el estudiante en las primeras etapas.

Una vez terminado el trabajo, pasamos a la socialización que permite un afianzamiento en los avances alcanzados. La situación b que aparece en los anexos puede darse como trabajo extra clase, la c se recomienda realizarla en clase dado que solamente hay una situación en que la transformación en rectángulo es posible; en las otras dos situaciones la transformación es un paralelogramo sin hacer cortes.

Se hace el trabajo en forma enactiva, es decir en el aquí y en el ahora, el estudiante puede recortar y pegar. Tiene la oportunidad de constatar que el triángulo es el mismo, que lo único que hemos hecho es colocarlo en tres formas canónicas. Se hace bajo este aspecto para no incluir distractores. Esta actividad, por lo detallada se recomienda dedicarle por lo menos dos horas clase.

Dejamos de tarea lo mismo pero con triángulos rectángulos. Se da la guía puesto que esto nos garantiza que los dos triángulos con que se forme el rectángulo sean congruentes y se ajuste a lo pedido.

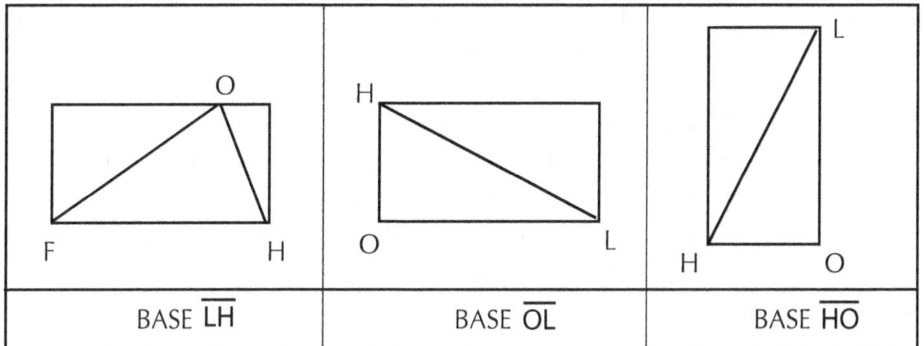

Hay dificultad cuando tienen que romper para componer, pero hecha la observación por parte del docente se logra con una alta complacencia la realización del trabajo.

La tercera sección, que es con triángulos obtusángulos, se recomienda realizarla en clase, teniendo en cuenta que sólo hay una situación que con un sólo corte nos quede rectángulo. De igual forma se logran construcciones como:

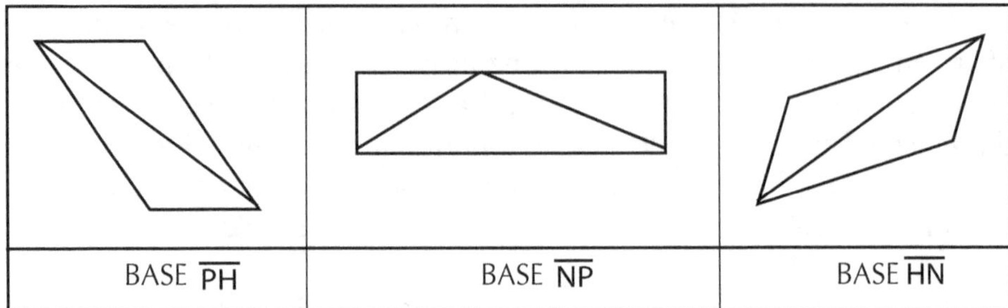

Una vez que han vivido la realización de estas construcciones pasamos a las conclusiones y se logran expresiones como:

1. Con dos triángulos congruentes puedo formar rectángulos.
2. La base de un rectángulo es uno de los lados del triángulo.
3. El área del rectángulo es dos veces el área del triángulo.
4. Todos los rectángulos que se formaron tienen la misma área porque se hicieron con los mismos triángulos.

Aprovechando este tipo de conclusiones pedimos que en cada caso se marque la base y la altura del rectángulo construido.

Un aspecto a observar y evaluar es el trabajo en equipo desarrollado en estas actividades. Pero no es sólo eso, la exigencia en la pulcritud del trabajo permite el poder observar cuál lado hace de altura y cuál de base en el rectángulo creado. Realizando las conclusiones del trabajo, se pide pensar en lo que es más complicado de realizar. Los estudiantes hacen observaciones como:

*   "El papel no se puede doblar fácil".
*   "No me quedan bien cuadrados los gráficos".

Dificultades

*   Los rectángulos construidos por pedazos no son perfectos.
*   Los estudiantes hacen el trabajo en la forma más sencilla, es necesario que el docente haga que se consideren todas las situaciones.
*   El trabajo exige un desarrollo sicomotriz bastante fino. Por esta razón no podemos esperar que sea un tema para desarrollar en los primeros años escolares.

Invariante alcanzada: Con dos triángulos congruentes se puede construir un rectángulo y en algunos de los casos es un paralelogramo con sus lados consecutivos no perpendiculares.

Actividad 3

Objetivo: Realizar construcciones basadas en triángulos de los diferentes paralelogramos haciendo uso de regla y escuadra, reconociendo la altura del paralelogramo como un elemento del triángulo.

Prerrequisito:

- Haber realizado las actividades anteriores y tener el material que se ha trabajado en ellas.
- Distinguir y trazar la altura de un paralelogramo respecto a un lado determinado.
- Haber trabajado las gráficas geométricas en forma no canónica.

Pasamos del mundo de la medida a las relaciones de tipo geométrico. Nos valemos de la crítica que se hace del trabajo anterior por parte de los estudiantes. Se presenta una hoja en la que aparece cada triángulo repetido y argumentando que este nuevo trabajo nos permite hacer gráficos más exactos.

Se sugiere resolver inicialmente la primera columna en la que se pide construir un paralelogramo con la base señalada y pidiéndole al estudiante hacer uso de los tres ejercicios anteriores sobre la altura del triángulo para realizar este trabajo.

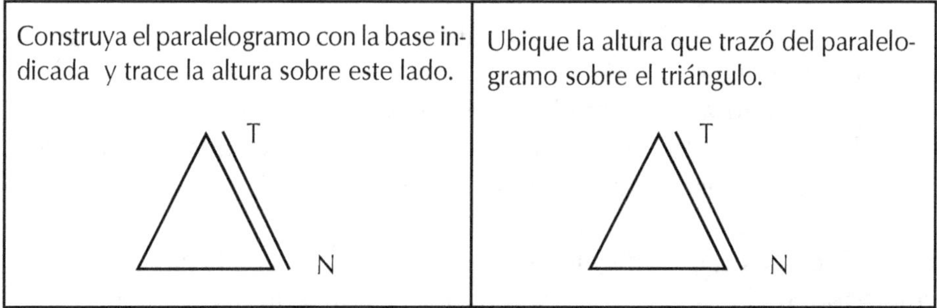

Para la segunda columna se traza la misma altura del paralelogramo marcada en la primera y se pide desplazarla de tal manera que uno de los extremos coincida con el vértice del lado opuesto sobre el cual se ha trazado.

A continuación presentamos una de las respuestas obtenidas.

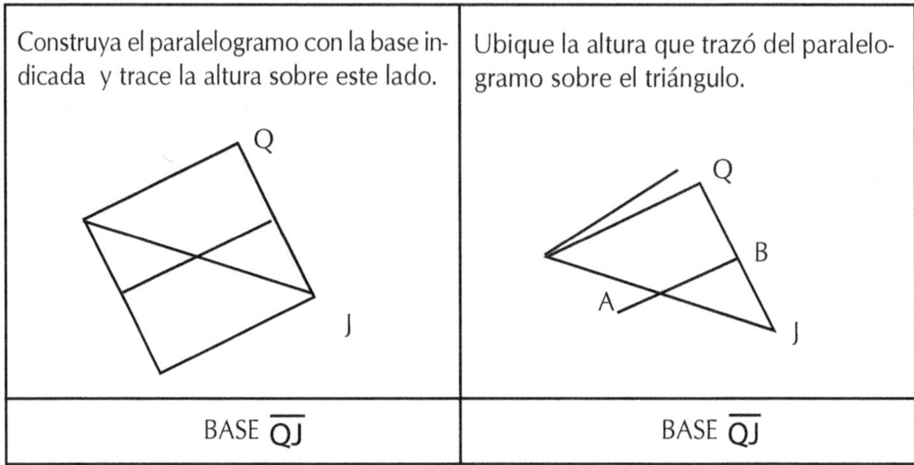

Construya el paralelogramo con la base indicada y trace la altura sobre este lado.	Ubique la altura que trazó del paralelogramo sobre el triángulo.
BASE $\overline{QJ}$	BASE $\overline{QJ}$

En esta actividad los triángulos ya no están en forma canónica. Además, se exige mucha más finura en el trazado. Saben que el paralelogramo se construyó con los dos triángulos congruentes en la actividad anterior y que ahora la reconstruyen sólo por el dibujo. El desplazamiento que realizamos de la altura del paralelogramo no está indicado inicialmente; una vez que se ha trazado su altura sugerimos verla de otra forma, haciendo coincidir uno de los extremos con el vértice opuesto al lado que ha servido de base.

La actividad consta de tres pasos:

1. La reconstrucción del cuadrilátero correspondiente haciendo uso de la regla y escua
2. Ver la altura del paralelogramo sobre el triángulo.
3. El segmento lo desplazamos hasta el vértice opuesto al lado que sirvió de base para el paralelogramo.

Es aquí donde prácticamente empieza la existencia de la *altura del trián- gulo* sobre un lado. Antes era la altura sobre un lado del paralelogramo. Podríamos decir según el modelo de razonamiento geométrico de Vann Hiele que estaríamos en el nivel I. El estudiante reconoce el segmento construido, sabe la relación que tiene con el triángulo. Dentro de las fases de aprendizaje propuestas por los mismos autores estaríamos en la de información.

Una vez realizado esto, pasamos a reconocer cualidades de tipo geométrico sobre la misma hoja: el segmento es perpendicular al lado que sirvió de base al paralelogramo construido, o la recta donde está la base[38]. Entonces se invita a marcar el ángulo recto. Se nomina el segmento y por iniciativa del docente se escriben expresiones como: $\overline{AB} \perp \overline{QJ}$, entonces decimos: $\overline{AB}$ es la altura sobre el lado $\overline{QJ}$.

Invariante alcanzada:

- Existe un segmento, por lo tanto tiene punto inicial y final y susceptible de ser medido, que permite el cálculo del área del triángulo.
- El segmento va de un vértice a la recta que contiene al lado opuesto a este y se llama *la altura del triángulo respecto de* un determinado lado.

Dificultades:

- Reconocimiento y trazado de paralelogramos en forma no canónica.
- El trazado de segmentos perpendiculares y paralelos.

Actividad 4

Objetivo: Afianzar el reconocimiento de la altura del rectángulo que tiene de base uno de los lados del triángulo en el cual encaja éste, como la altura del triángulo respecto de ese lado.

Prerrequisito:

- El haber trabajado las actividades anteriores.
- Construcción con regla y escuadra de segmentos perpendiculares y paralelos.

---

38 Téngase en cuenta que el ser tan estrictos en la notación y decir que es la recta que contiene la base, para un estudiante en este momento se puede convertir una acumulación de datos y no en puntos de claridad desde la Matemática.

Material: Se aconseja que cada estudiante tenga una guía en la cual trabaje para evitar que los triángulos que ellos dibujen sean del mismo tipo y lo hagan en la posición canónica.

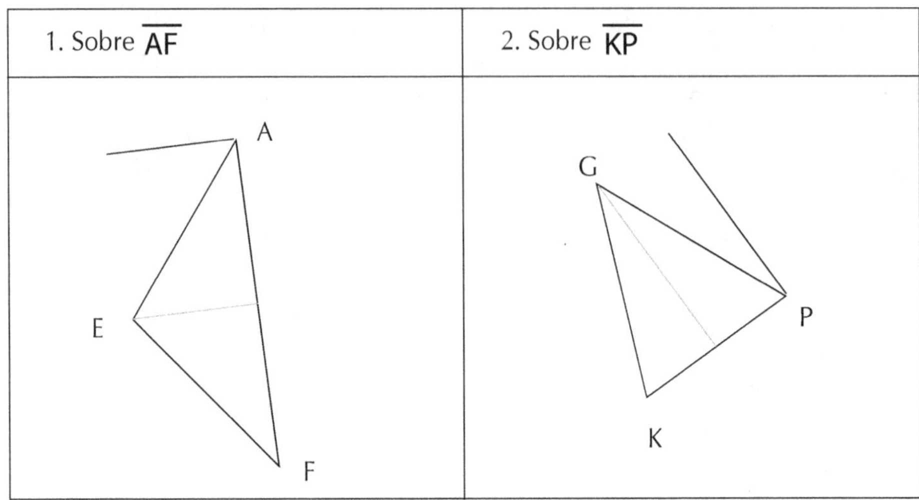

El enunciado de hoja pide: en cada uno de los triángulos siguientes dibuje la altura respecto al lado indicado. Se llegan a soluciones como:

Algunos estudiantes piden que les dejen hacer el paralelogramo a lápiz y que luego borran, lo cual se acepta, porque no es más que un mecanismo para estar seguros. Los estudiantes colocan la altura en los extremos de los lados, y les sugerimos llevarla hasta que coincida con el vértice del lado opuesto al lado que sirvió de base. De nuevo se invita a nominar y hacer explícita la relación de perpendicularidad correspondiente.

Se han hecho evidentes las invariantes de la altura:

- Un solo segmento respecto de un lado, el segmento va del vértice al lado que se opone a la recta que contiene el lado.
- El segmento es perpendicular a la recta que contiene al lado.

Hay que tener en cuenta el alto grado de dificultad para trazar un segmento perpendicular a otro en este grado. Sólo se hace uso de reglas o escuadras. El trabajo exige que el docente ayude casi de forma personal a cada uno de los estudiantes.

Podemos decir que el trabajo se puede ubicar entre los niveles uno y dos de los niveles de Vann Hiele. Falta aún más trabajo para que el estudiante pase a realizar clasificaciones.

Invariante alcanzada: La altura respecto a cada lado se puede trazar independiente de la posición del triángulo.

Actividad 5

Objetivo: En cada triángulo hay tres alturas, una respecto de cada uno de sus lados.

Prerrequisito

*   La altura de un triángulo respecto a un lado es un segmento que va del vértice a la recta que contiene al lado opuesto a él.
*   Manejo de la regla y la escuadra para trazar segmentos perpendiculares.

Material: Una guía con diferentes tipos de triángulos que aparezcan repetidos tres veces. Regla y escuadras.

Se dan tres triángulos congruentes, se dejan en posición canónica y se pide trazar la altura sobre cada lado. El trabajo se centra en la construcción recordando las exigencias que se fueron socializando en las actividades anteriores, el trazo se hace usando regla y escua

En cada uno de los triángulos siguientes, trace la altura sobre cada lado. Prolongue[39] el lado del triángulo cuando sea necesario.

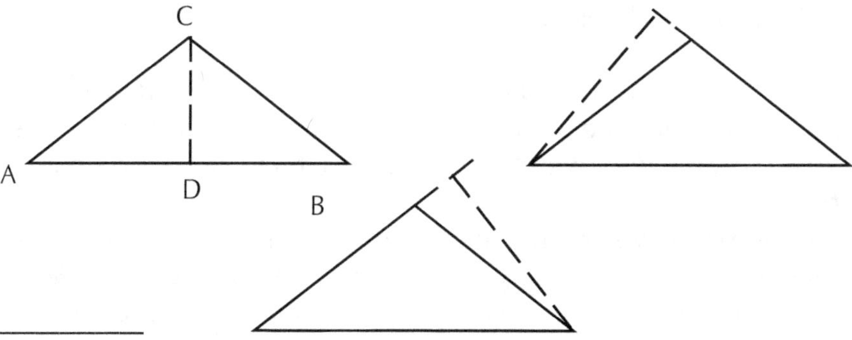

---

39   Creemos que no es el momento aún para hablar de la recta que contiene al lado. Habrá otros momento para hacer énfasis sobre esto.

Cuando se ha hecho el trazado de las respectivas alturas y se ha escrito la relación existente entre el segmento y el lado: $\overline{CD}\perp\overline{AB}$, $\overline{CD}$ es la altura respecto del lado $\overline{AB}$ y se obtienen expresiones como:

- "Las alturas son diferentes, aunque sea el mismo triángulo".
- "Cualquier lado puede servir de base, y siempre tiene una altura que le corresponde."
- "Las alturas siempre son perpendiculares al lado sobre el que se dibujan."
- "La altura se puede deslizar sobre el lado que la dibujamos y no cambia de longitud."

Invariante alcanzada: Las alturas respecto a cada lado no necesariamente son de igual longitud.

Conclusiones

La definición presentada en el libro de Moise Dawn, a la cual ya nos hemos referido, amerita un desprendimiento de la medida, de olvidarse del cuestionamiento: ¿para qué me sirve? Es reconocer los conceptos en el mundo geométrico como otro objeto de estudio, y no como herramienta para estudiar otros conceptos. Esto no se logra en un solo año, es un proceso. Es un trayecto largo acompañado de relaciones con otros mundos: el de la medida. Esto no quiere decir que no se aborde, solo que habrá que invertir esfuerzos en grado séptimo y octavo para que el estudiante pueda ir viéndola en el sentido planteado por el autor mencionado anteriormente.

Momentos del aprendizaje en séptimo grado

1. Las tres primeras actividades se centran en la construcción por parte del estudiante de rectángulos, en solo dos casos de paralelogramos. Reconoce en forma visual la altura y la base de dichos paralelogramos.
2. Identificación visual del segmento que llamaremos altura del triángulo. Dado un triángulo cualquiera es capaz de armar el rectángulo, determinar en él su base y altura para luego ver sólo el triángulo, dibujando el segmento que corresponde a la altura sobre él.

3. Construcción. Trazado del segmento altura del triángulo sobre determinado lado. En séptimo grado se hace con regla y escua

4. Reconocimiento de las diferentes alturas del triángulo.

La altura del triángulo se mueve en dos ejes temáticos de la Matemática: la medición y la geometría. Los dos presentan niveles de representación diferentes, con lenguajes un poco diferentes.

Hay situaciones de tipo académico que no son de fácil observación. Si no se tiene un conocimiento estructurado sobre la altura del triángulo es posible que no se logre hacer deducciones claras sobre problemas como:

Todos los triángulos que se aprecian en el gráfico tienen la misma área, su base y altura es la misma.

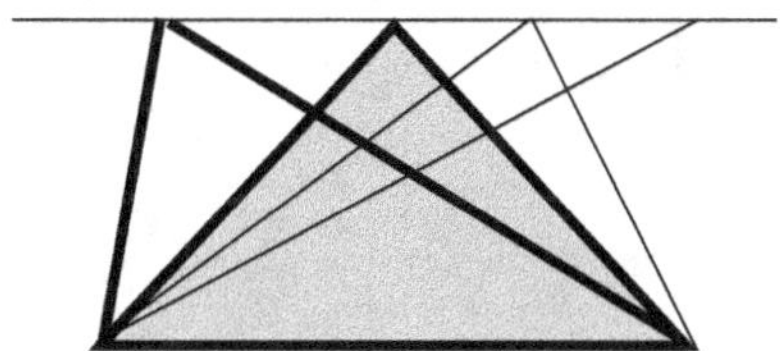

No creemos que sea aceptado en los primeros años de la educación secundaria, pero sí al final; este problema, hemos visto que no es posible en secundaria y en los primeros años universitarios. Sólo unos pocos alcanzan a ver esta situación. Nuestro deseo es que el cien por ciento de nuestros estudiantes sean capaces de reconocer, en el peor de los casos, esta situación.

Con las actividades presentadas, la *altura del triángulo*, o alturas más bien, se puede convertir en objeto de estudio de la Geometría para el próximo grado.

Esperamos aportar en cómo enseñar desde la lógica del estudiante la construcción de un concepto matemático básico.

Altura de un trapecio

Se han trabajado los cuadriláteros, entre ellos el trapecio. Trazamos una de las diagonales y como se ha visto se forman dos triángulos. Pedimos trazar para cada uno de los triángulos las alturas respecto de los lados que son paralelos.

De nuevo se explicita las relaciones de perpendicularidad de cada altura con respecto a los lados paralelos. Además de comprobar la congruencia de las dos alturas trazadas y por tanto, hablar de la altura.

También podemos trabajarlas en situaciones no canónicas y trapecios que no tengan que ser isósceles.

Anexo I

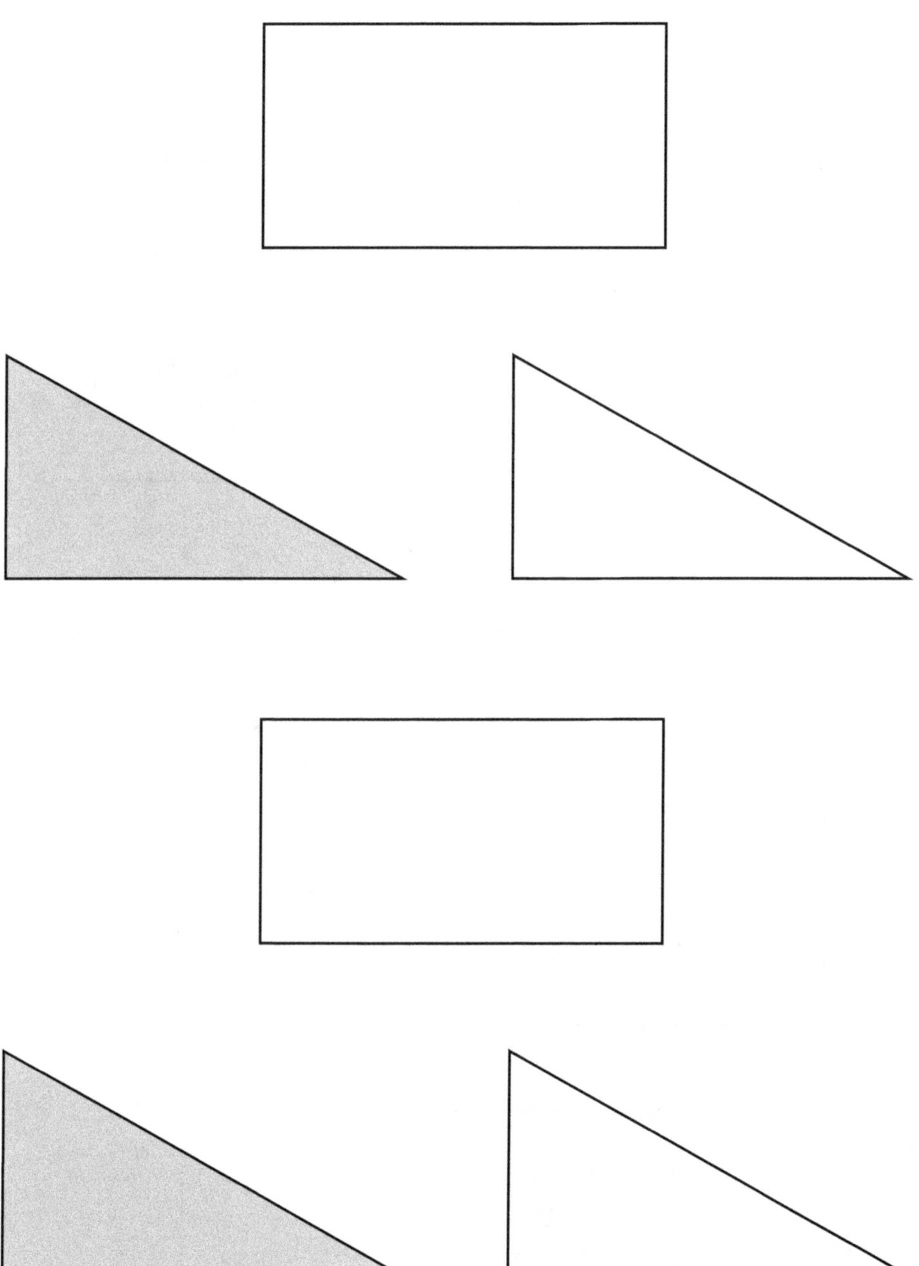

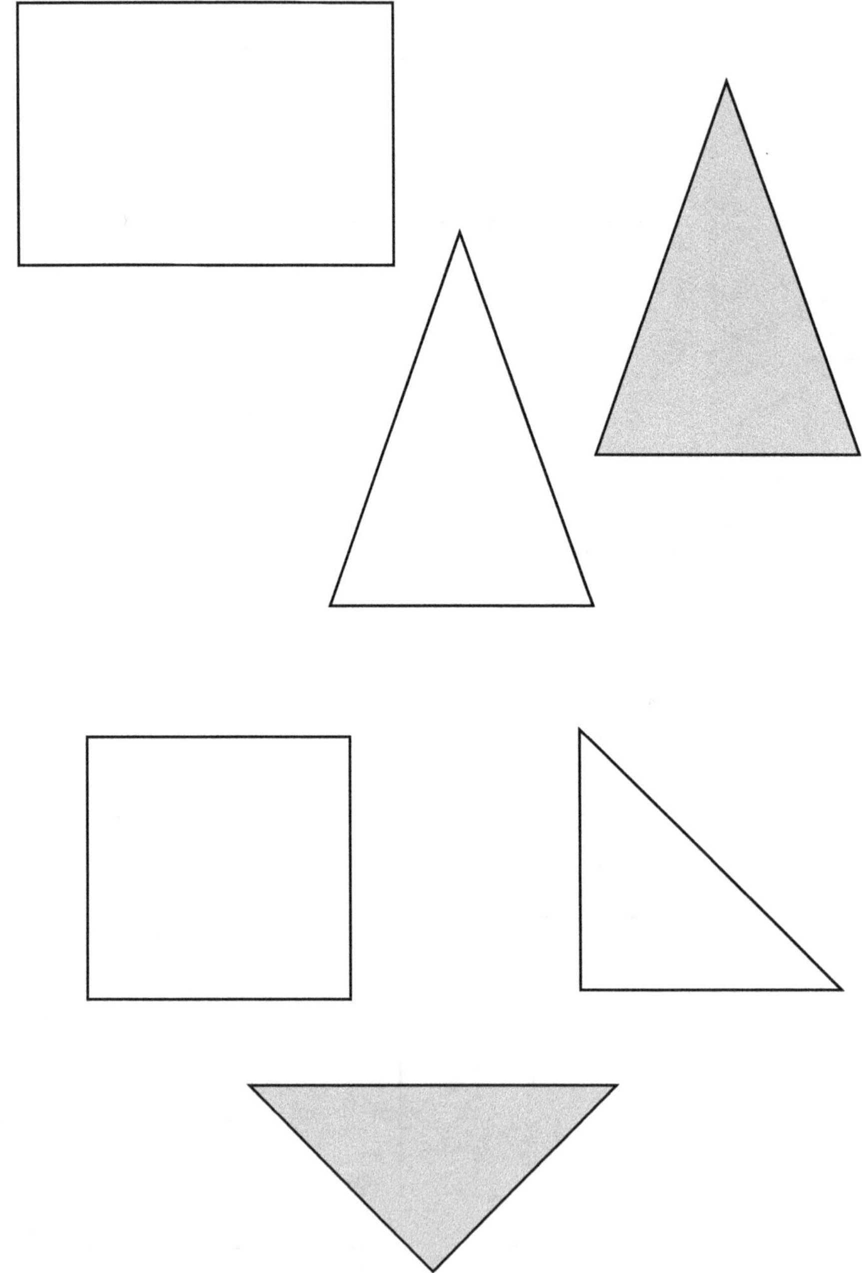

Bibliografía

GARDNER, Howard. *Las estructuras de la mente*. Fondo de cultura Económica. 1993. México. Capítulos 7° y 8°.

GARCÍA, Eduardo. *Hacía una teoría alternativa sobre los conocimientos escolares*. Diada Editora S. L. España. 1998. Página 11.

HELMHLOLTZ, Hermann. *Sobre el origen y significación de los axiomas geométricos*. SIGMA Tomo 4. Página 243. Ediciones Grijalbo. Barcelona 1956.

HOLLOWAY. G. E. T. *La concepción de la geometría en el niño según piaget*. Piados Educador. España 1986.

KÖRNER, Stephan. *Introducción a la filosofía de la matemática.*

LLOYD, G. E. R. *Magia, razón y experiencia*. Cambridge, Prensa universitaria de Cambridge. Página 232. 1979.

MATURANA H. *Formación humana y capacitación*. Ediciones DOLMEN. Colombia. 1998.

PRIESTLEY Maureen. *Pensamiento crítico* Editorial TRILLAS México 1996

POINCARÉ, Henry. *Invención matemática*. Conferencia ante la Sociedad Sicóloga en París. 1900.

VASCO, Carlos. *El papel del lenguje en la construcción de las matemáticas*. Memorias del simposio 15,16,17 de agosto de l996. Universidad Externado de Colombia. Bogotá.